서울대 한국어+

Student's Book

서울대학교 언어교육원 지음

장소원 | 김정현 | 김민희 | 박미래

3B

서울대학교출판문화원

머리말

《서울대 한국어⁺》는 한국어 학습자들의 한국어 능력이 효과적으로 향상될 수 있도록 서울대학교 언어교육원의 축적된 한국어 교육 경험을 녹여 낸 교재입니다. 이 시리즈를 통해 한국어 학습자들은 한국어의 표현 영역인 말하기, 쓰기 기술과 이해 영역인 듣기, 읽기 기술을 단계적이고 주도적으로 높여 나갈 수 있습니다.

《서울대 한국어⁺ Student's Book 3B》는 약 400시간의 정규과정을 마친 일반 목적의 성인 한국어 학습자들이 200시간의 정규과정을 통해 한국어 숙달도 중급 수준의 한국어를 학습할 수 있게 구성한 교재입니다. 이 책은 우리 주변에서 흔히 접할 수 있는 친숙하고 일상적인 주제를 다루며 정확하고 유창한 한국어 의사소통 능력을 기를 수 있도록 구성하였습니다. 각 단원의 주제와 관련된 어휘를 묶어 그림과 함께 제시하여 입체적으로 학습할 수 있도록 하였고, 말하기, 듣기, 읽기, 쓰기 기술을 효과적으로 연습할 수 있는 문법과 표현을 선정하여 구성하였습니다.

기존 교재가 문법을 교육 내용으로 전면적으로 제시하고 있던 것과 달리 《서울대 한국어⁺》에서는 문법과 표현을 영어 번역과 함께 별도의 책으로 제공하여 학습자들이 이들을 스스로 익혀 의미를 이해한 후 주교재의 활동을 통해서 표현할 수 있도록 하였습니다.

말하기 활동을 강화하여 학습자들이 익힌 어휘와 문형을 각 단계와 상황에 맞게 활용할 수 있도록 구성하였습니다. 일상생활에서 자주 접하는 구어 중심의 듣기, 말하기 활동과 더불어 발표, 인터뷰, 역할극 등 다양한 상황에서 활용할 수 있는 말하기, 듣기 기능을 학습함으로써 한국어 학습에 흥미를 느낄 수 있도록 하였습니다. 특히 다양한 장르의 읽기 텍스트를 배치하고 이와 관련된 쓰기 활동을 제공하여 이해 영역인 읽기와 표현 영역인 쓰기 활동이 자연스럽게 연계되도록 집필하였습니다.

쓰기 영역은 단계적으로 구성하여 학습자가 과정 중심의 쓰기 활동을 통해 표현 능력을 향상시킬 수 있게 편제하였습니다. 또한 각 단원의 과제는 실제성을 고려하여 단계별로 차근차근 수행할 수 있도록 구성하였으며, 이들 단원에서 학습한 어휘, 문법과 표현, 그리고 말하기, 듣기, 읽기, 쓰기를 과제에서 통합적으로 활용할 수 있도록 집필하였습니다.

서울대 한국어+ 문법과 표현 3B

Student's Book

서울대학교출판문화원

3B

단원	과	문법과 표현
10 고장과 수리	10-1. 고장 상황	① 동형-더니 ② 동-지 그래(요)?
	10-2. 수리 요청	③ 사동(-이/히/리/기/우/추-)
11 실수와 고민	11-1. 실수와 후회	① 동-고 보니 ② 동-을 걸 (그랬다)
	11-2. 고민과 조언	③ 동-는데도, 형-은데도, 명인데도 ④ 명에 대해(서), 명에 대한
12 습관의 중요성	12-1. 습관과 버릇	① 동-게 하다 ② 아무리 동형-어도
	12-2. 계획과 실천	③ 동-을 생각도 못 하다 ④ 동-어 버리다
13 연애와 결혼	13-1. 연애의 조건	① 동-으려면 멀었다 ② 동형-잖아(요), 명이잖아(요)
	13-2. 사랑 이야기	③ 동형-으면 동형-을수록 ④ 동-는 척하다, 형-은 척하다, 명인 척하다
14 고향의 어제와 오늘	14-1. 도시와 시골	① 동형-었던, 명이었던 ② 동형-을걸(요), 명일걸(요)
	14-2. 현재와 미래	③ 명만큼 ④ 동형-지 않으면 안 되다

단원	과	문법과 표현
15 건강한 몸과 마음	15-1. 튼튼한 몸	① 동-었더니 ② 명이라도
	15-2. 건강한 마음	③ 동-느라(고) ④ 동형-었어야 하다, 명이었어야 하다
16 일과 직업	16-1. 아르바이트	① 동-는 모양이다, 형-은 모양이다, 명인 모양이다 ② 동형-어야 할 텐데, 명이어야 할 텐데
	16-2. 일하고 싶은 곳	③ 동-는다면, 형-다면, 명이라면 ④ 누구든(지), 언제든(지), 어디든(지), 무엇이든(지)
17 특별한 날	17-1. 기념일	① 동-으려던 참이다 ② 얼마나 동-는지 모르다, 얼마나 형-은지 모르다
	17-2. 소중한 기억	③ 동형-다니(요), 명이라니(요) ④ 동-는 대신(에), 형-은 대신(에)
18 연극	18-1. 흥부와 놀부	① 동-는다니까(요), 형-다니까(요), 명이라니까(요) ② 동-고 말다

서울대 한국어⁺

❶ 동 형 -더니

▶ 과거에 경험한 것이 변했거나 그것의 결과를 나타낼 때 사용합니다. 뒤에 오는 문장에는 달라진 사실이나 상황, 앞 문장에 따른 결과가 옵니다.
This expression is used to indicate the changes of something you have experienced or its outcome. The sentence that follows describes the changed fact or situation or the outcome of the preceding sentence.

> **예** 아나 씨가 전에는 매일 **운동하더니** 요즘은 운동을 전혀 안 하네요.
> 고향 마을에 폭우가 **내리더니** 홍수가 났대요.
> 어제는 날씨가 **맑더니** 오늘은 흐리네요.

▶ 다른 사람이 하는 행동을 관찰하여 말할 때 사용하기 때문에 주어는 주로 2, 3인칭을 사용합니다. 그리고 이때 앞뒤 문장의 주어는 같습니다.
The subject is usually in the second or third-person because it is used to express observation of another person's action. Also, the subjects of the preceding and following sentences are the same.

> **예** 미카 씨가 열심히 **공부하더니** (미카 씨가) 장학금을 받았어요.

▶ 말하는 사람의 기분이나 몸 상태를 관찰해서 말할 때는 1인칭 주어를 사용할 수 있습니다.
When expressing an observation about the speaker's mood or physical condition, it can be used in the first-person subject.

> **예** (내가) 어제는 **피곤하더니** 오늘은 괜찮아요.

❷ 동-지 그래(요)?

▶ 상대방에게 어떤 일을 제안하거나 권유할 때 사용합니다.
This expression is used to suggest or recommend something to another person.

예) 더우면 시원한 물을 **마시지 그래요**?
많이 피곤하면 좀 **쉬지 그래**?
문법이 어려우면 선생님께 **여쭤보지 그래요**?
심심하면 이 잡지를 **읽지 그래요**?

TIPS

동-지 그래(요)?	동-는 게 어때요? (2급 9단원)
제안하거나 권유할 때 사용합니다. 2인칭 주어와 결합합니다. It is used to suggest or recommend something. It is commonly used in the second-person subject. 예) 마리 씨, 머리가 아프면 이 약을 먹지 그래요?	조언하거나 권유할 때 사용합니다. 2인칭 주어나 '우리, 저희'와 결합합니다. It is used to advise or recommend something. It is commonly used in the second-person subject or with '우리, 저희.' 예) 마리 씨, 머리가 아프면 약을 먹는 게 어때요? 우리 같이 택시를 타고 가는 게 어때요?

❸ 사동(-이/히/리/기/우/추-)

▶ 사동의 의미를 나타내며 주어가 목적어에 직접 어떤 행동을 할 때 사용합니다.
These expressions indicate causation and are used when the subject takes an action directly on the object.

예 휴지통이 꽉 찼네요. 휴지통을 좀 **비워야겠어요**.
조카에게 옷을 **입히는** 게 생각보다 쉽지 않네요.
산책하고 돌아오면 강아지의 발을 좀 **씻겨** 주세요.
축구를 하다가 허리를 다쳤어요. 파스를 좀 **붙여** 주세요.
약속 시간을 좀 **늦출** 수 있을까요? 갑자기 중요한 회의가 잡혔어요.

이		히		리		기		우		추	
보다	**보이다**	읽다	**읽히다**	걷다	**걸리다**	감다	**감기다**	서다	**세우다**	낮다	**낮추다**
높다	**높이다**	익다	**익히다**	놀다	**놀리다**	맡다	**맡기다**	자다	**재우다**	늦다	**늦추다**
먹다	**먹이다**	입다	**입히다**	돌다	**돌리다**	벗다	**벗기다**	비다	**비우다**		
죽다	**죽이다**	앉다	**앉히다**	살다	**살리다**	신다	**신기다**	타다	**태우다**		
붙다	**붙이다**	눕다	**눕히다**	알다	**알리다**	웃다	**웃기다**	쓰다	**씌우다**		
끓다	**끓이다**	맞다	**맞히다**	울다	**울리다**	씻다	**씻기다**	깨다	**깨우다**		

❶ 동-고 보니

두 사람이 화해했다고 들었어요. 정말 잘됐어요.

네. 나나 씨와 이야기하고 보니 제가 오해를 했더라고요.

▶ 행동을 하기 전에는 몰랐는데 행동을 한 이후 혹은 그 결과로 뒤에 오는 내용을 받아들이거나 깨닫게 됨을 나타낼 때 사용합니다.
This expression is used to indicate an acceptance or realization of the outcome after taking an action without knowing anything beforehand.

예 운동화를 **주문하고 보니** 주소를 잘못 입력해서 얼른 취소했어요.
친구 형을 **만나고 보니** 우리 학교 선배였어요.
빵인 줄 알았는데 **먹고 보니** 떡이었어요.

TIPS

동-고 보니	동-어 보니(까) (3급 1단원)
행동하기 전에는 결과를 전혀 예상하지 못했는데 행동 후 결과를 보고 깨닫게 되었을 때 사용합니다. It is used when the outcome of your action was unexpected and you only realized it afterward. 예 어렸을 때에는 잘 몰랐는데 시간이 지나고 보니 부모님의 말씀이 무슨 뜻인지 이해가 된다.	행동하기 전에 어느 정도 예상을 하고 이를 판단하기 위해 시도할 때 사용합니다. It is used when you take action with certain expectations and test those expectations. 예 비빔밥을 먹어 보니까 맵지 않고 맛있었어요.

❷ 동-을 걸 (그랬다)

▶ 과거에 하지 않은 일에 대한 후회나 아쉬움을 나타낼 때 사용합니다.
This expression is used to express regret or remorse for something you have not done.

예 오늘 또 지각했어요. 일찍 **일어날 걸 그랬어요**.
배고파요. 아침을 **먹을 걸 그랬어요**.

동-을 걸 (그랬다)	가다	갈 걸 (그랬다)
	읽다	읽을 걸 (그랬다)

▶ 부정형으로 표현할 때는 '-지 말 걸 (그랬다)'를 사용합니다.
When negating, use '-지 말 걸 (그랬다).'

예 매운 음식을 많이 먹어서 배가 아파요. 매운 음식을 **먹지 말 걸 그랬어요**.

TIPS
'그랬다'를 생략할 수도 있습니다.
You can also omit '그랬다.'
예 내일이 시험인데 하나도 모르겠다. 열심히 공부할걸.

❸ 동-는데도, 형-은데도, 명인데도

▶ 앞 문장의 내용과 상관없이 뒤 문장에 예상하지 못한 상황이 일어남을 나타낼 때 사용합니다.
These expressions are used to indicate that an unexpected outcome occurred despite what happened in the preceding sentence.

예) 저는 열심히 **공부하는데도** 성적이 나빠요.
약을 **먹는데도** 감기가 낫지 않아요.
날씨가 **추운데도** 거리에 사람들이 많아요.
저 사람은 **배우인데도** 연기를 못 해요.

동-는데도	입다	입는데도
형-은데도	싸다	싼데도
	춥다	추운데도
명인데도	방학	방학인데도

▶ 과거의 상황을 나타낼 때는 '-었는데도, 이었는데도'의 형태로 사용합니다.
When indicating a past situation, use the forms of '-었는데도, 이었는데도.'

> 예 아까 점심을 많이 **먹었는데도** 배가 고파요.
> 시험이 **어려웠는데도** 학생들이 시험을 잘 봤어요.
> 어제 시장에 갔는데 **평일이었는데도** 사람이 많았다.

TIPS

앞뒤 상황이 상관없다는 것을 강조할 때 '-는데도/-은데도 불구하고'의 형태로도 씁니다.
When emphasizing the irrelevance between the preceding and following situation, use the forms of '-는데도/-은데도 불구하고.'

> 예 그 가방은 비싼데도 불구하고 잘 팔립니다.

'-는데도/-은데도 불구하고'는 공식적인 상황이나 글에서 사용하는 것이 자연스럽습니다.
'-는데도/-은데도 불구하고' are often used in formal situations or in written form.

> 예 비가 오는데도 불구하고 많은 분들이 시청 앞 광장에 나와 계십니다.

❹ 몡에 대해(서), 몡에 대한

엄마, 거짓말을 해서 정말 죄송해요. 다음부터는 안 그럴게요.

그래. 네가 한 행동에 대해서 잘 생각해 봐.

▶ 앞의 내용이 뒤 내용의 대상임을 나타낼 때 사용합니다.
This expression is used to indicate that the preceding noun is the object of the following clause.

예 저는 그 **사람에 대해서** 아는 것이 별로 없습니다.
나는 한국 **드라마에 대한** 발표를 할까 해.
지금부터 축제 **준비에 대해** 이야기해 보겠습니다.
영화 '만남'은 **우정에 대한** 영화입니다.

TIPS

주로 발표하거나 설명할 때 사용합니다.
It is mainly used when presenting or explaining.
예 지금부터 한국 문화에 대해 발표하겠습니다.

12단원

❶ 동-게 하다

안나 씨는 매일 운동하고 몸에 좋은 음식만 먹네요. 건강에 정말 관심이 많은가 봐요.

네. 아버지가 어릴 때부터 운동하게 하셨거든요. 그리고 몸에 안 좋은 음식을 못 먹게 하셔서 건강을 돌보는 게 습관이 됐어요.

▶ 주어가 목적어에 어떤 행위를 시키거나 허락할 때, 또는 사물이 어떤 작동을 하도록 만들 때 사용합니다.
This expression is used when the subject causes or permits the object to perform an action or to make things do something.

예) 아이에게 매일 책을 **읽게 했는데** 이번 시험에서 일등을 했어요.
팔이 아파서 동생에게 내 가방을 **들게 했다**.
아빠가 동생에게 컴퓨터 게임을 하지 **못하게 했다**.
선생님이 수업 시간에 학생들을 떠들지 **못하게 하셨어요**.

▶ 동사와 형용사 어간에 '-이/히/리/기/우/추-'를 결합한 사동 표현은 주어가 직접 행동을 할 때 사용하고, '-게 하다'는 주로 간접적으로 시키는 것을 나타낼 때 사용합니다.
The causative expression that combines '-이/히/리/기/우/추-' with a verb or an adjective stem is used when the subject directly performs an action, and '-게 하다' is commonly used to indirectly cause someone to do something.

예) 미용사가 키가 작은 아이를 높은 의자에 앉혔다.
사장님이 서서 기다리는 손님들을 의자에 **앉게 했다**.

❷ 아무리 동형-어도

▶ 앞의 행위나 상태를 강조할 때 쓰는 표현으로 앞 문장의 동작이나 상태가 가져오리라 기대하는 결과와 다른 내용이 뒤 문장에 나올 때 사용합니다.
This expression is used to emphasize the preceding action or state, especially when the expected results described in the following sentence differ from what occurred in the preceding sentence.

예 이 책은 너무 어려워서 **아무리 읽어도** 이해가 안 가요.
책상 위에 휴대폰을 뒀는데 **아무리 찾아도** 안 보여요.
친구와 **아무리 친해도** 예의를 지켜야 한다.
제 동생은 **아무리 추워도** 겉옷을 안 입어요.

아무리 동형-어도	보다	아무리 봐도
	멀다	아무리 멀어도
	연습하다	아무리 연습해도

❸ 동-을 생각도 못 하다

▶ 앞 문장이 이유나 조건이 되어 어떤 일이 불가능함을 나타낼 때 사용합니다.
This expression is used when the preceding sentence is a reason or condition for something to be impossible.

예
날씨가 너무 추워서 밖에 **나갈 생각도 못 해요**.
오늘 시간이 없어서 친구와 이야기를 **나눌 생각도 못 했어요**.
요즘은 시험공부 때문에 드라마를 **볼 생각도 못 해요**.
지희 씨가 도와주지 않았으면 그 일을 **끝낼 생각도 못 했을 거예요**.
저는 알레르기가 있어서 땅콩이 든 음식은 **먹을 생각도 못 해요**.

동-을 생각도 못 하다	사다	살 생각도 못 하다
	입다	입을 생각도 못 하다

❹ 동-어 버리다

▶ 어떤 일을 완전히 끝내서 아무것도 남지 않거나 그 일이 어떻게 할 수 없는 상태로 바뀌었음을 나타낼 때 사용합니다.
This expression is used to indicate that something has ended completely and there is nothing left of it, or that it has changed to a state of no return.

예 운동을 하러 밖에 나갔는데 비가 와서 집으로 **돌아와 버렸어요**.
주문한 신발이 아무리 기다려도 안 와서 **취소해 버렸어요**.
너무 배가 고파서 제가 혼자서 피자를 다 **먹어 버렸어요**.

동-어 버리다	가다	**가 버리다**
	찢다	**찢어 버리다**
	준비하다	**준비해 버리다**

▶ '잊어버리다', '잃어버리다'는 한 단어로 사용합니다.
'잊어버리다,' '잃어버리다' are used as one word.

예 요즘 너무 바빠서 친구와 한 약속을 **잊어버렸어요**.
바다에서 수영하다가 결혼반지를 **잃어버렸어요**.

▶ '그냥', '다'와 잘 어울려 쓰입니다.
It is commonly preceded by '그냥,' '다.'

예 머리가 아파서 **그냥 자 버렸어요**.
학교 앞에 우리가 자주 가던 가게들이 **다 사라져 버렸어요**.

13단원

❶ 동-으려면 멀었다

▶ 어떤 일이 일어나기까지 아직 시간이 많이 필요함을 표현할 때 사용합니다.
This expression is used to indicate that a considerable amount of time is needed for something to take place.

예 월급을 받은 지 얼마 안 됐어요. 다음 달 월급을 **받으려면 멀었어요**.
지금 막 숙제를 하기 시작했어요. 숙제를 다 **끝내려면 멀었어요**.

동-으려면 멀었다	졸업하다	졸업하려면 멀었다
	읽다	읽으려면 멀었다

▶ '아직'이라는 부사와 함께 쓰면 자연스럽습니다.
The expression is often used with the adverb '아직.'

예 조금 전에 기차가 출발했어요. 부산에 **도착하려면 아직 멀었어요**.
언니는 7시에 퇴근해요. 집에 **오려면 아직 멀었어요**.

❷ 동형-잖아(요), 명이잖아(요)

> 민우 씨가 왜 마음에 들었어요?

> 민우 씨는 마음씨가 착하잖아요. 몸이 불편한 친구를 곁에서 도와주는 모습을 보고 첫눈에 반했어요.

▶ 말하는 사람과 듣는 사람이 모두 알고 있거나 듣는 사람이 잊어버린 사실에 대해 이야기할 때 사용합니다.
These expressions are used when conversing about something that both the speaker and listener already know or that the listener has forgotten.

예
가: 왜 이렇게 옷이 젖었어요?
나: 밖에 비가 **오잖아요**.

가: 그 휴대폰이 왜 인기가 많아요?
나: 품질이 좋고 **싸잖아요**.

가: 왜 오늘 학교에 안 갔어?
나: **방학이잖아**.

	가다	가잖아(요)
동형-잖아(요)	멋있다	멋있잖아(요)
명이잖아(요)	가수	가수잖아(요)
	학생	학생이잖아(요)

▶ 과거의 상황을 나타낼 때는 '-었잖아(요), 이었잖아(요)'의 형태로 사용합니다.
When expressing a past situation, use the forms of '-었잖아(요), 이었잖아(요).'

예
가: 나나 씨가 집에 없네요.
나: 지난 주말에 고향에 **갔잖아요**.

TIPS
주로 구어체에서 사용합니다.
These expressions are mainly used colloquially.

듣는 사람이 말하는 사람보다 윗사람일 경우에는 사용하지 않는 것이 좋습니다.
These expressions should not be used if the listener is older or of higher status than the speaker.

❸ 동형-으면 동형-을수록

▶ 어떤 상황이나 정도가 점점 더 심해짐을 나타낼 때 사용합니다.
This expression is used to indicate that a certain situation or degree is gradually intensifying.

> 예 기타는 **배우면 배울수록** 재미있는 것 같아요.
> 채소를 **먹으면 먹을수록** 건강이 좋아져요.
> **바쁘면 바쁠수록** 천천히 해야 실수하지 않는다.
> 컴퓨터는 **작으면 작을수록** 비싸진다.

동형-으면 동형-을수록	먹다	먹으면 먹을수록
	싸다	싸면 쌀수록

▶ 뒤에 오는 문장에는 '-어지다'나 '-게 되다'와 같은 표현이 많이 사용됩니다.
In the following sentence, expressions '-어지다' or '-게 되다' are frequently used.

> 예 한국 음식은 **먹으면 먹을수록** 좋아져요.

▶ '-으면'을 생략하고 '-을수록'의 형태로도 사용합니다.
They are also used by omitting '-으면' and in the form of '-을수록.'

> 예 그 사람은 **만날수록** 마음에 든다.

▶ 명사의 경우, '일수록'의 형태로 쓰입니다.
In case of nouns, use the form of '일수록.'

> 예 능력이 있는 **사람일수록** 겸손하다.

❹ 동-는 척하다, 형-은 척하다, 명인 척하다

▶ 어떤 행동이나 상태를 거짓으로 그럴듯하게 꾸밈을 나타낼 때 사용합니다.
These expressions are used to indicate that some action or state is false but has been made to only appear presentable.

예 너무 피곤해서 버스에서 자리를 양보하지 않고 **자는 척했어요**.
저는 김치를 안 좋아하지만 잘 **먹는 척했어요**.
친구의 얘기가 재미없었지만 **재미있는 척했다**.
소개팅에서 만난 사람이 마음에 안 들어서 **바쁜 척하고** 집에 왔다.
대학생인 척하고 도서관에 들어가서 책을 읽은 적이 있다.

동-는 척하다	자다	자는 척하다
형-은 척하다	예쁘다	예쁜 척하다
	좋다	좋은 척하다
명인 척하다	팬	팬인 척하다

▶ 과거의 상황을 나타낼 때 '동-은 척하다'의 형태로 사용합니다.
When indicating a past situation, use the form of '동-은 척하다.'

예 다툰 친구와 지하철에서 우연히 만났는데 그냥 **못 본 척했어요**.

❶ 동형-었던, 명이었던

▶ 이미 완료된 과거 상황 또는 과거 한두 번 경험한 일을 회상할 때 사용합니다.
These expressions are used to recall past situations that have already been completed or things experienced once or twice in the past.

예
지난주에 **먹었던** 냉면을 또 먹고 싶어요.
아침까지 **맑았던** 날씨가 흐려졌네요.
어렸을 때는 키가 **작았던** 동생이 지금은 저보다 커요.
예전에 유명한 **운동선수였던** 사람이 지금은 배우로 활동하고 있어요.

동형-었던	만나다	만났던
	예쁘다	예뻤던
	좋아하다	좋아했던
명이었던	가수	가수였던
	선생님	선생님이었던

▶ 과거의 사실이 이미 끝나거나 지나 버린 것을 나타낼 때 사용합니다.
It is used to indicate something in the past that has already ended or passed.

예 수술을 받아서 지금은 안경을 안 쓰지만 저도 예전에는 안경을 **썼던** 사람이에요.

TIPS

동형-었던	동형-던 (3급 7단원)
과거에 한두 번 경험한 일을 회상할 때 사용합니다. It is used when recalling experiences that you have done once or twice in the past. **예** 불고기는 내가 처음 먹었던 한국 음식이다.	과거에 자주 한 일을 회상할 때 사용합니다. It is used when recalling something you used to do frequently in the past. **예** 김밥은 한국에서 공부할 때 자주 먹던 음식이다.

❷ 동형-을걸(요), 명일걸(요)

시골에서 살면 불편할까요?

요즘은 시골에도 편의 시설이 잘되어 있어서 괜찮을걸요.

▶ 어떤 사실에 대해 추측하거나 다른 사람의 의견에 대해 가볍게 반박할 때 사용합니다.
These expressions are used to make a guess or lightly refute another person's opinion.

예 부모님은 지금 **주무실걸요**.
내일 시험이라서 오늘 도서관에 사람이 **많을걸**.
저분이 우리 학교 **교수님이실걸**.

가: 내일도 날씨가 좋겠지요?
나: **아닐걸요**. 일기 예보에서 장마가 시작될 거라고 했어요.

동형-을걸(요)	오다	올걸(요)
	멀다	멀걸(요)
명일걸(요)	학생	학생일걸(요)

▶ 과거의 상황을 나타낼 때는 '-었을걸(요), 이었을걸(요)'의 형태로 사용합니다.
When indicating a past situation, use the forms of '-었을걸(요), 이었을걸(요).'

예 할아버지가 벌써 공항에 **도착하셨을걸요**.
학교 도서관이 지난주까지 공사 **중이었을걸요**.

TIPS

구어체로만 사용합니다.
These expressions are only used colloquially.

문장의 끝을 올려서 발음해야 합니다.
When using these expressions, raise the pitch at the end of the sentence.

❸ 명 만큼

서울이 또 몰라보게 변했다고 들었어요.

네. 남산만큼 높은 빌딩들이 많이 생겼어요.

▶ 정도나 수량이 비슷한 정도임을 나타낼 때 사용합니다.
This expression is used to indicate that the degree or quantity is similar.

> 예 집이 **운동장만큼** 넓네요.
> 동생 키가 **저만큼** 커졌어요.
> **한옥만큼** 자연과 잘 어울리는 집은 없다.
> 저도 **자밀라 씨만큼** 한국어를 잘했으면 좋겠어요.
> 집 앞에 **남산만큼** 높은 건물이 생긴다고 한다.

❹ 동형-지 않으면 안 되다

▶ 반드시 해야 하는 일을 강조해서 이야기할 때 사용합니다.
This expression is used to emphasize what must be done.

예 출퇴근 시간에는 항상 길이 막히니까 일찍 **출발하지 않으면 안 된다**.
면접 때는 양복을 **입지 않으면 안 됩니다**.
마라톤 대회에 나가려면 몸 상태가 **좋지 않으면 안 된다**.
발표할 때는 발음이 **정확하지 않으면 안 됩니다**.

동형-지 않으면 안 되다	먹다	먹지 않으면 안 되다
	깨끗하다	깨끗하지 않으면 안 되다

▶ 공식적인 상황에서는 보통 '-지 않으면 안 되다'를 사용하고, 일상적인 말하기 상황에서는 '안 -으면 안 되다'의 형태로 사용하는 것이 자연스럽습니다.
It is natural to use '-지 않으면 안 되다' in formal situations and '안 -으면 안 되다' in everyday conversations.

예 며칠 동안 계속 결석해서 내일은 학교에 **안 가면 안 돼요**.

❶ 동-었더니

▶ 먼저 한 행동 뒤에 일어난 상황이나 결과, 반응 등을 나타낼 때 사용합니다.
This expression is used to indicate a situation, outcome, or reaction that results from the preceding action.

> 예 내가 꽃을 **줬더니** 친구가 기뻐했어요.
> 백화점에 **갔더니** 세일 기간이라서 사람이 많았어요.
> 엄마가 아이를 **야단쳤더니** 아이가 울었습니다.

동-었더니	가다	갔더니
	먹다	먹었더니
	운동하다	운동했더니

▶ 앞에 오는 문장의 주어는 주로 1인칭입니다.
The subject of the preceding action is commonly in the first-person.

> 예 (내가) 친구의 발표 준비를 **도와줬더니** 친구가 점심을 사 줬어요.
> (내가) 공부를 열심히 **했더니** 어머니가 좋아하셨어요.

▶ 보통 앞에 오는 문장과 뒤에 오는 문장의 주어가 다릅니다. 하지만 말하는 사람의 몸 상태나 기분을 나타낼 때는 뒤에 오는 문장의 주어도 1인칭이 될 수 있습니다.
Usually, the subjects of the preceding and following sentences are different. However, when describing the speaker's physical condition or mood, the subject of the following clause can also be in the first-person.

예 아이스크림을 많이 **먹었더니** 배가 아프네요.
운동을 열심히 **했더니** 피곤해요.

TIPS

동-었더니	동형-더니 (3급 10단원)
앞에 오는 문장에는 주로 1인칭 주어를 사용합니다. 그리고 보통 앞에 오는 문장과 뒤에 오는 문장의 주어가 다릅니다. The first-person subject is commonly used in the preceding sentence. The subjects of the preceding and following sentences are generally different. **예** (내가) 은행에 갔더니 문이 닫혀 있었어요. (내가) 열심히 공부했더니 성적이 올랐어요.	앞에 오는 문장에 주로 2, 3인칭 주어를 사용합니다. 그리고 앞에 오는 문장과 뒤에 오는 문장의 주어가 같습니다. The subject of the preceding sentence is commonly in the second or third-person subject. The subjects of the preceding and following sentences are the same. **예** 어제는 날씨가 좋더니 오늘은 날씨가 흐려요. 동생이 열심히 공부하더니 시험을 잘 봤어요.

❷ 몡이라도

- 요즘 기운이 없고 몸도 무거워요. 운동을 하고 싶은데 너무 바빠요.
- 그럼 자기 전에 스트레칭이라도 해 보지 그래요?

▶ 가벼운 제안을 할 때나 앞에 오는 것이 최선이 아니라는 것을 나타낼 때 사용합니다.
This expression is used to make a light suggestion or to indicate that the preceding is not the best option.

예) 오늘은 수업 끝나고 아무 약속도 없어요. 집에서 **영화라도** 봐야겠어요.
건강을 생각해서 점심시간에 **산책이라도** 해야겠어요.
답답하면 주말에 가까운 **공원이라도** 갈까?

가: 여기 삼계탕 하나 주세요.
나: 죄송합니다. 비빔밥밖에 주문이 안 되는데요.
가: 그럼 **비빔밥이라도** 주세요.

몡이라도	차	**차라도**
	라면	**라면이라도**

TIPS

가벼운 제안을 할 때는 '몡이나' (3급 4단원)와 유사한 의미로 사용됩니다.
When making a light suggestion, it is used in a similar meaning as '몡이나.'

예) 시간 있으면 커피라도 한잔할래요? = 시간 있으면 커피나 한잔할래요?

❸ 동-느라(고)

▶ 어떤 결과에 대한 이유나 원인을 표현할 때 사용합니다. 주로 부정적인 상황을 나타낼 때 사용합니다.
This expression is used to give a reason or cause for an outcome. It is commonly used in negative situations.

> 예 주말에 **이사하느라** 못 쉬었어요.
> 손님이 오신다고 해서 **청소하느라** 밥을 못 먹었다.
> 음악을 **듣느라고** 전화를 못 받았어요.
> 어제 하루 종일 케이크를 **만드느라고** 모임에 못 갔다.

▶ 앞에 오는 문장과 뒤에 오는 문장의 주어가 같습니다.
The subjects of the preceding and following sentences are the same.

> 예 (내가) 영화를 **보느라고** (내가) 못 잤어요.

▶ 뒤에 오는 문장에 '바쁘다, 힘들다, 피곤하다' 등의 형용사를 사용할 수 있습니다.
In the following sentence, adjectives '바쁘다, 힘들다, 피곤하다' may be used.

> 예 요즘 **아르바이트하느라** 힘들어요.

④ 동형-었어야 하다, 명이었어야 하다

이번 캠핑은 정말 재미있었어요. 친구들과 즐겁게 놀았더니 스트레스가 다 풀린 것 같아요.

그래요? 저도 같이 갔어야 했는데 아쉽네요.

▶ 과거의 행동이나 상황에 대한 후회나 아쉬움을 표현할 때 사용합니다.
These expressions are used to express regret or remorse for an action or situation in the past.

예 어제 모임에 **갔어야 했는데** 야근하느라고 못 갔다.
매운 음식을 너무 많이 먹었더니 배탈이 났다. 조금만 **먹었어야 했다**.
다니던 회사를 **그만두지 말았어야 했는데** 후회가 된다.
어제 비가 와서 등산을 못 갔다. 날씨가 **좋았어야 했는데**….
말하기 대회에서 상을 받은 사람이 내 **동생이었어야 하는데**….

동형-었어야 하다	놓다	놓았어야 하다
	길다	길었어야 하다
	준비하다	준비했어야 하다
명이었어야 하다	친구	친구였어야 하다
	직원	직원이었어야 하다

▶ 지나간 일에 대한 후회나 아쉬움을 표현할 때 사용하기 때문에 주로 과거형으로 사용합니다.
It is commonly used in the past tense since regret or remorse refers to a past event.

예 지하철을 **탔어야 했는데** 버스를 타서 학교에 늦었다.

16단원

❶ 동-는 모양이다, 형-은 모양이다, 명인 모양이다

> 민우 씨가 정장을 입고 왔더라고요.

> 오늘 면접을 보러 가는 모양이에요.

▶ 앞의 내용을 근거로 삼아 어떤 상황을 추측할 때 사용합니다.
These expressions are used to make an assumption about a situation based on the preceding information.

예 다니엘 씨가 전화를 안 받는 걸 보니 **샤워하는 모양이에요**.
미나 씨가 집에 오자마자 잠이 든 걸 보니 요즘 **피곤한 모양이에요**.
백화점에 사람이 많은 걸 보니 **세일 기간인 모양이다**.

동-는 모양이다	찾다	찾는 모양이다
형-은 모양이다	성실하다	성실한 모양이다
	높다	높은 모양이다
명인 모양이다	배우	배우인 모양이다

▶ 동사는 과거, 현재, 미래 시제와 모두 사용할 수 있습니다.
The verbs can be used in all the tenses, including past, present, and future.

예 밖에 눈이 쌓여 있네요. 어젯밤에 눈이 많이 **온 모양이에요**.
빗소리가 들리네요. 밖에 비가 **오는 모양이에요**.
하늘이 흐려지네요. 곧 비가 **올 모양이에요**.

TIPS

동-는 모양이다, 형-은 모양이다	동-나 보다, 형-은가 보다(3급 6단원)	동-는 것 같다, 형-은 것 같다(2급 4단원)
말하는 사람이 어떤 일에 대해 추측할 때 사용합니다. They are used when the speaker makes an assumption.		
주로 글이나 격식적인 상황에서 사용됩니다. It is commonly used in writing or formal situations. 예 조금만 기다려 주십시오. 과장님께서 조금 늦으시는 모양입니다.	주로 말할 때나 비격식적인 상황에서 사용됩니다. It is commonly used in speaking or informal situations. 예 태수가 전화를 안 받는데 아직 자고 있나 봐.	근거를 통한 추측 또는 자기 자신에 대한 추측이나 불확실한 결정에 대해 말할 때도 사용할 수 있습니다. It can also be used to express an assumption based on observations, an assumption about oneself, or to make a decision with less certainty. 예 한나 씨가 물을 많이 마셔요. 떡볶이가 매운 것 같아요. (○) (떡볶이를 먹으면서) 떡볶이가 매운 것 같아요. (○)
말하는 사람이 직접 경험한 사실이 아닌 주변 상황이나 분위기 등 다른 근거로 추측할 때 사용하는 것이 자연스럽습니다. It is natural to use these expressions to make an assumption based on the surrounding situation or atmosphere rather than actual experience by the speaker. 예 한나 씨가 물을 많이 마셔요. 떡볶이가 매운 모양이에요. (○) 제가 떡볶이를 먹었는데 매운 모양이에요. (×)		

❷ 동형-어야 할 텐데, 명이어야 할 텐데

어제 면접은 잘 보고 왔어요?

네. 이번에는 꼭 붙어야 할 텐데요.

▶ 어떤 일을 기대하면서 걱정할 때 사용합니다.
These expressions are used to show apprehension about something in anticipation.

예 이번에는 꼭 시험을 잘 **봐야 할 텐데요**.
생각보다 손님이 많이 왔네요. 음식이 **모자라지 않아야 할 텐데요**.
어서 취직해서 돈을 **벌어야 할 텐데** 걱정이에요.
새로 이사 가는 집이 **조용해야 할 텐데** 걱정이에요.
외국 친구가 혼자서 다니다가 길을 **잃어버리지 않아야 할 텐데** 걱정이네요.
친구가 독감에 걸렸을까 봐 걱정이에요. 그냥 가벼운 **감기여야 할 텐데요**.
내 동생하고 결혼할 사람이 **좋은 사람이어야 할 텐데**….

동형-어야 할 텐데	만나다	만나야 할 텐데
	적다	적어야 할 텐데
	노력하다	노력해야 할 텐데
명이어야 할 텐데	근처	근처여야 할 텐데
	방학	방학이어야 할 텐데

TIPS

'-어야 할 텐데'는 기대하는 일을 나타내면서 걱정을 표현할 때 사용하고, '-을 텐데'(3급 2단원)는 단순한 추측을 하거나 걱정되는 상황에 대해 말할 때 사용합니다.
'-어야 할 텐데' is used to express concern about something you are hoping for, and '-을 텐데' is used to make simple assumptions or talk about situations you are worried about.

예 바람이 심하게 부네요. 창문이 깨지지 않아야 할 텐데 걱정이에요.
바람이 심하게 불면 창문이 깨질 텐데 걱정이에요.

❸ 동-는다면, 형-다면, 명이라면

"마지막으로 하고 싶은 말씀이 있으신가요?"

"제가 만약에 이 회사에서 일하게 된다면 맡은 일에 최선을 다하겠습니다."

▶ 어떤 사실이나 상황을 가정해서 말할 때 사용합니다.
These expressions are used to provide a condition for a fact or a situation.

> 예 제가 이 회사에 **취직한다면** 회사 근처로 이사하겠습니다.
> 내가 복권에 **당첨된다면** 어려운 사람들을 도와줄 것이다.
> 지금부터 경험을 **쌓는다면** 나중에 승진하는 데에 도움이 될 거예요.
> 만약에 이 구두가 **불편하시다면** 언제든지 환불해 드리겠습니다.
> 내가 **너라면** 그 사람과 절대 헤어지지 않을 거야.

동-는다면	느끼다	**느낀다면**
	쌓다	**쌓는다면**
형-다면	비싸다	**비싸다면**
명이라면	아이	**아이라면**
	대통령	**대통령이라면**

▶ 현재와 반대되는 사실이나 상황을 가정할 때 '-었다면'을 사용합니다.
'-었다면' is used when the fact or the situation is the opposite of the present state.

> 예 어제 일찍 **잤다면** 오늘 아침에 늦잠을 자지 않았을 텐데요.
> 주말에 비가 **오지 않았다면** 친구들과 바다에 갔을 거예요.

▶ '만약(에)', '만일(에)' 등과 함께 써서 가정의 의미를 강조할 수 있습니다.
They are used with '만약(에),' '만일(에)' to emphasize the importance of the condition.

> 예 **만약에** 돌아가신 할아버지를 다시 **만난다면** 안아 드리고 싶어요.
> **만일** 어릴 때로 **돌아간다면** 외국어 공부를 일찍 시작할 거예요.

❹ 누구든(지), 언제든(지), 어디든(지), 무엇이든(지)

내일부터 출근하실 수 있나요?

네. 저는 언제든지 출근할 수 있습니다.

▶ 어느 것을 선택해도 상관없음을 나타낼 때 사용합니다.
These expressions are used to indicate that you do not care which one you choose.

> 예 가: 몇 시에 만날까요?
> 나: 저는 이번 주 토요일에 약속이 없어서 **언제든지** 만날 수 있어요.
>
> 가: 점심에 뭐 먹을까요?
> 나: 저는 **뭐든** 잘 먹으니까 나나 씨가 먹고 싶은 걸 고르세요.

사람	누구든(지)
시간	언제든(지)
장소	어디든(지)
물건	무엇이든(지)

▶ '무슨, 어떤, 어느 명이든(지)'와 같은 형태로 사용할 수 있습니다.
They are often used in the forms '무슨, 어떤, 어느 명이든(지).'

> 예 가: 어디로 여행 가고 싶어요?
> 나: 저는 라라 씨가 여행 가고 싶은 곳이라면 **어느 나라든지** 상관없어요.

▶ '누구한테든(지)', '누구하고든(지)', '어디(에)서든(지)' 등과 같이 조사와 함께 쓸 수 있습니다.
As in the case of '누구한테든(지),' '누구하고든(지),' '어디(에)서든(지),' these expressions can be used with particles.

> 예 알렉스 씨는 성격이 좋아서 **누구하고든지** 잘 지내는 것 같아.

17단원

❶ 동-으려던 참이다

▶ 가까운 미래에 어떤 일을 하려고 생각하고 있었음을 표현할 때 사용합니다.
This expression is used to indicate that you are about to do something in the near future.

예 가: 주희 씨가 많이 늦네요.
　　나: 저도 주희 씨가 안 와서 지금 전화를 **하려던 참이었어요**.

　　가: 왜 아직도 집에 안 와요?
　　나: 그렇지 않아도 지금 집에 **가려던 참이에요**.

　　가: 점심 식사하셨어요?
　　나: 안 그래도 지금 점심을 **먹으려던 참인데** 같이 드실래요?

동-으려던 참이다	가다	가려던 참이다
	먹다	먹으려던 참이다

▶ '마침', '안 그래도', '그렇지 않아도'와 자주 어울려 쓰입니다.
It is frequently used with '마침,' '안 그래도,' '그렇지 않아도.'

예 가: 저 커피 사러 가는데 미나 씨도 드실래요?
　　나: 마침 저도 커피를 **마시려던 참이었는데** 잘됐네요.

❷ 얼마나 동-는지 모르다, 얼마나 형-은지 모르다

상을 받아서 기분이 좋지요?

그럼요. 얼마나 기쁜지 몰라요.

▶ 일이나 상태의 정도가 심함을 나타낼 때 사용합니다.
These expressions are used to indicate the intensity of action or circumstances.

> 예 외국 학생들이 한국말을 **얼마나 잘하는지 몰라요**.
> 요즘 이 노래가 **얼마나** 인기가 **많은지 몰라요**.

얼마나 동-는지 모르다	먹다	얼마나 먹는지 모르다
얼마나 형-은지 모르다	아프다	얼마나 아픈지 모르다
	많다	얼마나 많은지 모르다

▶ 완료된 상태나 동작을 나타낼 때는 '얼마나 -었는지 모르다'의 형태로 사용합니다.
When indicating a completed state or action, use the form of '얼마나 -었는지 모르다.'

> 예 대학생 때 그 식당에 **얼마나** 자주 **갔는지 몰라요**.
> 작년 겨울에는 날씨가 **얼마나 추웠는지 몰라**.

▶ 동사는 '많이, 자주, 오래, 잘, 열심히'와 같은 부사어와 함께 사용되는 경우가 많습니다.
The verbs are frequently used with adverbs like '많이, 자주, 오래, 잘, 열심히.'

> 예 아이가 아직 다섯 살인데 **얼마나 많이 먹는지 몰라요**.

❸ 동형-다니(요), 명이라니(요)

이번 대회의 우승자는 소날 씨입니다. 축하드립니다.

제가 1등을 하다니요! 믿어지지 않아요.

▶ 예상 밖의 사실에 놀라서 되묻거나 감탄의 근거를 나타낼 때 사용합니다.
These expressions are used to inquire about an unexpected, surprising fact or to indicate astonishment.

> 예 그렇게 열심히 공부했는데 시험에 **떨어지다니요**.
> 추석 전날인데 시장에 이렇게 사람이 **없다니**!
> 학생처럼 보이는데 저분이 **선생님이라니요**.

동형-다니(요)	읽다	읽다니(요)
	흐리다	흐리다니(요)
명이라니(요)	회사	회사라니(요)
	병원	병원이라니(요)

▶ 완료된 상태나 동작을 나타낼 때는 '-었다니(요)'의 형태로 사용합니다.
When indicating a completed state or action, use the form of '-었다니(요).'

> 예 어렸을 때 살았던 도시가 이렇게 **변했다니**!

▶ '-다니' 뒤에 말하는 사람의 생각이나 감정을 나타내는 표현을 사용하기도 합니다.
It is also used to express the thoughts or feelings of the person after '-다니.'

> 예 3월인데 눈이 **오다니** 믿어지지 않아요.

TIPS

주로 구어체로 사용합니다.
These expressions are mainly used colloquially.

혼잣말로도 사용합니다.
It is also used when talking to yourself.
> 예 내가 대학교에 합격하다니!

❹ 동-는 대신(에), 형-은 대신(에)

▶ 앞선 행동을 하지 않고 다른 행동으로 대체하거나 앞선 행동을 하고 그것에 상응하는 다른 것으로 보상함을 나타낼 때 사용합니다.
These expressions are used when substituting the aforementioned action for another action or being rewarded after performing the aforementioned action.

예 제가 청소를 **하는 대신에** 마이클 씨는 식사 준비를 해 주세요.
요즘 시간이 없어서 친구와 직접 **만나는 대신** 전화로 자주 이야기를 해요.
이 컴퓨터는 가격이 **비싼 대신에** 성능이 좋습니다.
제가 다니는 회사는 일이 **많은 대신에** 연봉이 높아요.

동-는 대신(에)	걷다	걷는 대신(에)
형-은 대신(에)	싸다	싼 대신(에)
	많다	많은 대신(에)

TIPS

'명 대신(에) 명'과 같은 형태로도 사용할 수 있습니다.
They are also used in the form of '명 대신(에) 명.'
예 소금이 없으면 소금 대신에 간장을 넣으면 돼요.

❶ 동-는다니까(요), 형-다니까(요), 명이라니까(요)

▶ 말하는 사람이 한 말을 다시 한번 강조해서 말할 때 사용합니다.
These expressions are used to re-emphasize what the speaker has said.

예 가: 제가 퇴근하자마자 가서 식사 준비를 도와줄게요.
나: 저도 요리를 할 줄 **안다니까요**. 저녁 식사는 저 혼자 준비할 수 있으니까 걱정 마세요.

가: 제발 청소 좀 해.
나: 지금은 **바쁘다니까요**. 청소는 나중에 할게요.

가: 두 사람이 사귀는 사이라니 말도 안 돼.
나: **진짜라니까**. 어제 두 사람이 손을 잡고 걸어가는 걸 **봤다니까**.

동-는다니까(요)	가다	간다니까(요)
	씻다	씻는다니까(요)
형-다니까(요)	피곤하다	피곤하다니까(요)
명이라니까(요)	숙제	숙제라니까(요)
	쉬는 날	쉬는 날이라니까(요)

▶ 명령형, 청유형, 의문형과 결합하여 '-으라니까(요)', '-자니까(요)', '-냐니까(요)'의 형태로도 사용합니다.
By combining them with imperative, propositive, and interrogative sentences, they are used in the forms of '-으라니까(요),' '-자니까(요),' '-냐니까(요).'

예 빨리 발표 원고를 **쓰라니까요**.
같이 여행 가서 신나게 **놀자니까요**.

TIPS

격식적인 상황에서 윗사람에게는 사용하지 않는 것이 좋습니다.
These expressions are not to use with someone of older or higher status in a formal setting.

예 사장님: 회의 시간을 잘 지키세요.
신입 사원: 알았다니까요. (×)

❷ 동-고 말다

▶ 어떤 일이 의도하지 않은 상태에서 일어나 안타까움을 나타낼 때 씁니다.
This expression is used to indicate disappointment at something that occurred unintentionally.

> 예 눈길을 걷다가 미끄러져서 다리를 **다치고 말았어요**.
> 직원들이 열심히 노력했지만 회사가 **망하고 말았어요**.
> 키우던 강아지가 병이 나서 **죽고 말았어요**.

TIPS

'-고(야) 말겠다'의 형태로 말하는 사람의 강한 의지를 나타낼 때도 사용합니다.
When used in the form of '-고 말겠다,' it indicates the speaker's strong will.

> 예 이번 시험에서 꼭 1등을 하고(야) 말겠어.
> 내년에는 꼭 해외여행을 가고(야) 말겠어요.

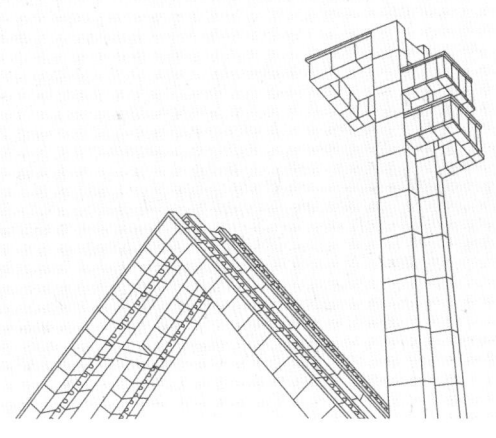

　문화 영역은 단원의 주제와 관련된 한국 문화를 상호문화적으로 접할 수 있도록 언어문화적 내용과 사회문화적 내용을 복합적으로 고려하여 담았습니다. 발음은 단원의 어휘 또는 문법과 표현, 언어 기능별 기술을 학습하는 데에 관련이 있는 필수적인 것들을 선정하여 제시하였고, 연습책의 복습 부분에서 다시 정리, 연습할 수 있도록 구성하였습니다.

　이 책이 나오기까지 정말 많은 분들의 수고가 있었습니다. 서울대학교 국어국문학과 장소원 교수님은 《서울대 한국어+》 1~6급 교재의 기획, 교재 개발을 위한 사전 연구와 집필, 출판에 이르는 전체적인 과정을 총괄해 주셨고, 3급 교재의 집필을 총괄한 김정현 선생님을 비롯해서 김민희, 박미래 선생님은 오랜 기간 원고 집필뿐 아니라 편집, 출판 작업을 꼼꼼하게 진행해 주셨습니다. 또한 3급 교재 전권의 감수를 맡아 주신 안경화 교수님과 자문을 해 주신 한재영 교수님, 최은규 교수님의 도움이 없었다면 지금과 같은 책의 완성도를 기대하기 어려웠음을 잘 알고 있습니다. 깊이 감사드립니다. 그리고 영어 번역을 맡아 주신 이소명 번역가와 번역 감수를 맡아 주신 UCLA 손성옥 교수님, 그리고 멋진 삽화 작업으로 빛나는 책을 만들어 주신 ㈜예성크리에이티브 분들께도 감사드립니다. 또 녹음을 담당해 주신 성우 이상운, 조경아 선생님과 2022년 여름학기에 샘플 단원으로 수업을 하신 후 소중한 의견을 주신 3급 정규반의 김정교, 성석제, 신희랑, 이명희, 이창용 선생님께도 진심으로 감사의 말씀을 드립니다. 마지막으로 학술 도서와 전혀 성격이 다른 한국어 교재의 출판을 결정하고 물심양면으로 지원해 주신 서울대학교출판문화원 이경묵 원장님과, 밤낮을 가리지 않고 고생을 감수하신 실무진 여러분들께도 깊이 감사드립니다.

2023년 4월
서울대학교 언어교육원 원장
장윤희

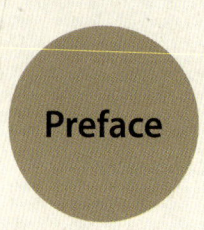

Preface

SNU Korean⁺ is a textbook that draws on the accumulated Korean language education experience of the Seoul National University Language Education Institute to help learners effectively improve their Korean language skills. Through this series, Korean language learners can gradually and pro-actively improve their speaking and writing skills, which are areas of expression, and their listening and reading skills, which are areas of comprehension.

SNU Korean⁺ Student's Book 3B is designed for general-purpose adult Korean language learners who have completed approximately 400 hours of classroom instruction and learn Korean at an intermediate level of proficiency through 200 hours of regular course work. This textbook covers familiar and common topics, so learners can develop accurate and fluent Korean communication skills. The vocabulary related to each unit's topic is grouped and illustrated to help learners comprehensively learn vocabulary along with selected grammar and expression for an effective way of practicing speaking, listening, reading, and writing skills.

Instead of including grammar and expression like in the previous textbook, a separate grammar and expression book with English translations is provided for learners to learn at their own pace, understand the meaning, and express themselves through the activities in the student's book.

By enhancing speaking activities, learners can apply the newly learned vocabulary and sentence patterns according to each stage and situation. It encourages interest in Korean language learning through everyday listening and speaking activities, along with speaking and listening skills through various activities such as presentations, interviews, and role play. In particular, by arranging reading texts of various genres and related writing activities, the learners can naturally link reading, an area of understanding, to writing, an area of expression.

Writing is divided into stages for learners to improve their expressive skills through process-oriented writing activities. The tasks in each unit are structured so they can be performed step-by-step. In consideration of practicality and the vocabulary, grammar and expression learned in these units, as well as speaking, listening, reading, and writing, can be used in an integrated manner.

    The culture section accounts for lingual-cultural and social-cultural content in a complex way for learners to encounter Korean culture in an intercultural context related to the unit's topic. Pronunciation was selected based on necessity related to learning the vocabulary, grammar and expression of the unit, and skills for each language function, and was structured so that they could be refreshed and practiced in the review section of the workbook.

    A lot of dedication went into the publication of this book. I would like to express my sincere gratitude to everyone who contributed to this project. Thank you to Seoul National University Professor Chang Sowon at the Department of Korean Language and Literature, for overseeing the entire project, beginning with the preliminary research for the development of **SNU Korean⁺** Levels 1-6, Seoul National University LEI Instructor Kim Junghyun, for editing the authoring of Level 3, and Seoul National University LEI Instructors Kim Minhui and Park Mirae, for writing, reviewing, and editing the manuscript to produce the overall completion of **SNU Korean⁺** Level 3. My deepest thanks to supervisor former Seoul National University LEI Professors Ahn Kyunghwa, and consultants Hanshin University Honorary Professor Han Jae Young and former Seoul National University LEI Professor Choi Eunkyu because the Level 3 textbooks could not have been developed without their help. Thanks to translator Lee Susan Somyung, translation editor UCLA Professor Sohn Sung-Ock, and the YESUNG Creative artists for the stunning illustrations. Many thanks to the voice actors Lee Sangun and Cho Kyung-ah, along with Seoul National University LEI Level 3 Instructors Kim Jeongkyo, Seong Seogje, Shin Heerang, Lee Myunghee, and Lee Changyong, who provided insightful feedback after using the sample unit as a pilot in the summer semester of 2022. Lastly, a special thanks to Seoul National University Press Director Lee Kyungmook for providing financial and spiritual support and deciding to publish these Korean textbooks, as well as everyone for working tirelessly on this project.

April 2023
Jang Yoonhee
Executive Director
Language Education Institute, Seoul National University

일러두기 — How to Use This Book

《서울대 한국어+ Student's Book 3B》는 10단원부터 18단원까지 9개의 단원 체제로, 각 단원은 2개 과로 구성된다. 단원의 1과는 '어휘, 말하기 1·2, 듣기 1·2·3', 2과는 '어휘, 읽기 1·2·3, 쓰기, 과제, 문화, 발음, 자기 평가'로 이루어져 있다. 각 과는 4시간 수업용으로 구성하였다.

SNU Korean+ Student's Book 3B consists of Units 10-18. Each unit has two lessons – Lesson 1: Vocabulary, Speaking 1, 2, Listening 1, 2, 3, and Lesson 2: Vocabulary, Reading 1, 2, 3, Writing, Task, Culture, Pronunciation, and Self-Check. Each lesson amounts to 4 hours of classwork.

단원 주제와 관련된 그림과 질문을 보고 해당 과의 주제에 대해 생각해 볼 수 있도록 구성하였다. 학습자는 질문을 이해하고 답을 생각해 보면서 배경지식을 활성화하고 학습 목표와 학습 주제를 이해할 수 있다.

The book is designed so that learners can think about the topic of the lesson by looking at the pictures and asking questions related to the topic of the unit. Learners can activate their background knowledge and recognize learning goals and subject matter by understanding the questions and thinking about the answers.

어휘 Vocabulary

주제별로 선정된 목표 어휘를 시각 자료 또는 질문과 함께 제시하여 학습자가 어휘의 의미를 추측할 수 있도록 구성하였다.

The target vocabulary for each topic is presented with visuals so learners can guess what the vocabulary means.

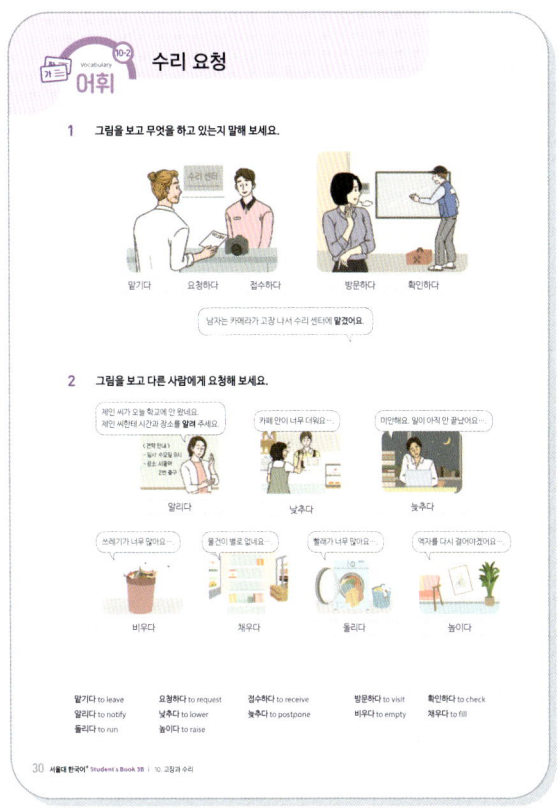

말하기 Speaking

해당 과의 목표 문법과 표현 및 주제 어휘를 대화문에 포함하여 학습자들이 이를 자연스럽게 이해할 수 있도록 구성하였다. 말하기는 '준비 1·2(목표 문형 학습을 위한 말하기 연습)'와 '말하기 1(목표 문법과 표현 및 주제 어휘를 포함한 대화문을 교체해 보는 말하기 연습)' 그리고 '말하기 2(대화문을 활용한 담화 연습)'로 이루어졌다.

The unit's target grammar, expression, and topic vocabulary are included in the dialogue so that learners can understand them naturally. Warm-up consists of 1, 2 (speaking practice for learning target sentence patterns), Speaking 1 (speaking practice replacing conversational sentences including target grammar, expression, and topic vocabulary), and Speaking 2 (discourse practice using dialogues).

준비 1·2 Warm-up 1, 2

목표 문법과 표현을 정확하게 익혀서 다음 단계인 말하기 1을 준비할 수 있도록 하였다.

Learners can prepare for the next stage, Speaking 1, by accurately learning the target grammar and expression.

말하기 1 Speaking 1

해당 과의 주제에 대한 대화문이다. 이 대화문을 활용하여 학습자가 직접 구어 담화를 구성하는 연습을 할 수 있도록 구성하였다. 학습자는 주어진 3개의 상황을 활용하여 의미 있는 담화를 구성해 보며 연습을 통해서 유창하게 말할 수 있게 된다.

This stage is the dialogue for the unit's topic. It is designed for learners to practice composing oral discourse using the dialogue. Learners can use the three given situations to compose meaningful discourse and speak fluently through practice.

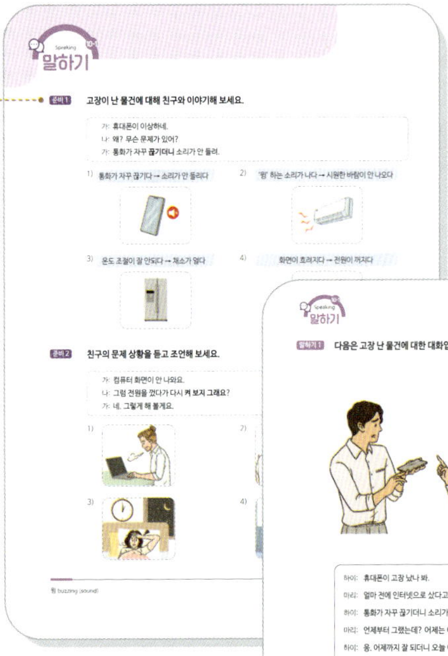

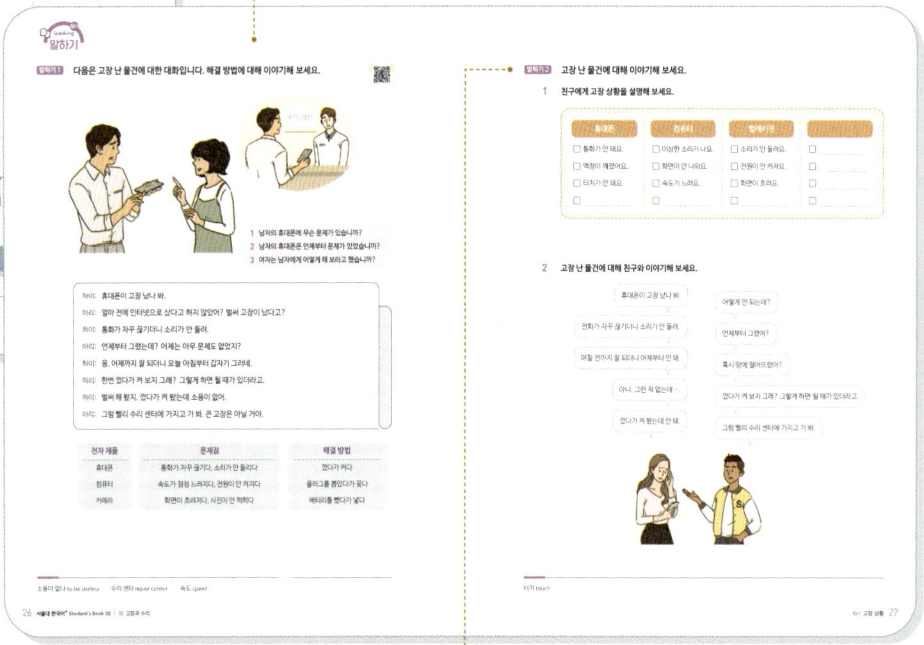

말하기 2 Speaking 2

대화문을 연습한 후 학습자 스스로 의미 있는 말하기를 연습할 수 있도록 활동 단계를 2~3단계로 구성하여 자유롭고 유창하게 말할 수 있도록 하였다.

The activity stage is composed of 2-3 steps so that learners can practice meaningful speaking on their own after practicing a dialogue so that they can speak freely and fluently.

듣기 Listening

'준비', '듣기 1·2·3'과 '말하기' 활동으로 구성하였다.
This section is composed of Warm-up, Listening 1, 2, 3, and Speaking.

준비 Warm-up

듣기 전 단계로, 들을 내용을 예측할 수 있는 질문 또는 시각 자료를 제시하여 학습자의 배경지식을 활성화한다.

This is the pre-listening stage. Learners' background knowledge is activated by presenting questions, photos, and illustrations that help predict what they will hear.

듣기 Listening

듣기 단계는 '듣기 1·2·3'으로 구성하였다. 여러 주제와 상황을 제시하였고 실제적이고 다양한 종류의 듣기 자료를 제시하여 학습자의 의사소통 능력 향상에 도움을 주고자 하였다. 듣기 단계에서는 들은 내용을 확인하는 문제를 제시하여 학습자 스스로 이해 수준을 점검해 볼 수 있도록 하였다.

This stage is composed of Listening 1, 2, 3. A variety of topics and situations, along with practical and different listening materials, were presented to help learners improve their communication skills. Questions are presented in the listening stage to confirm learners' listening skills and level of understanding.

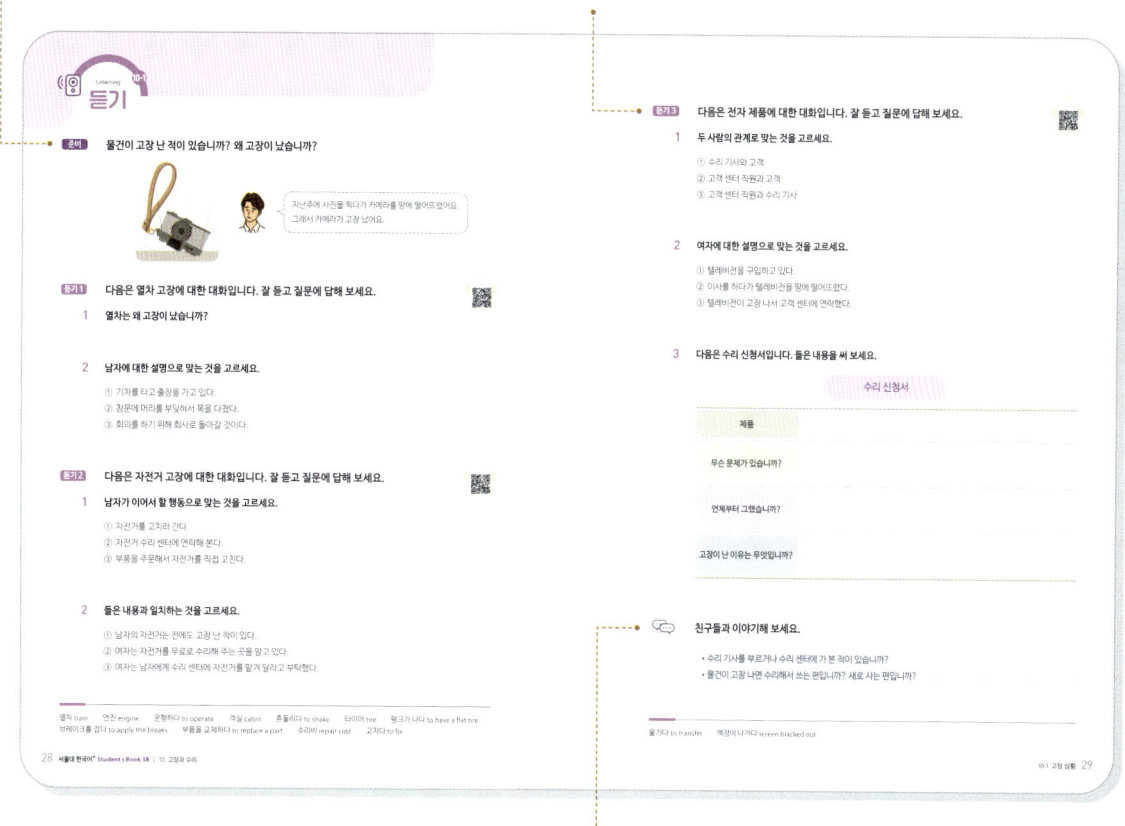

말하기 Speaking

듣기 후 단계이다. 이 단계에서는 듣기의 주제 및 기능과 연계된 짧은 담화를 구성하게 하여 학습자의 의사소통 능력을 향상시킬 수 있도록 하였다.

This is the post-listening stage. Learners can improve their communication skills by composing short discourses related to the topic and functions of listening.

읽기 Reading

'준비', '읽기 1·2·3'과 '말하기' 활동으로 구성하였다.
This stage is composed of Warm-up, Reading 1, 2, 3, and Speaking.

준비 Warm-up

읽기 전 단계이다. 목표 문법과 표현을 짧은 담화 형태로 제시하여 읽기를 준비하도록 하였다. 이 단계에서는 주제와 관련된 짧은 말하기 활동을 통해서 학습자의 읽기 텍스트 관련 배경지식을 활성화할 수 있도록 하였다.

This is the pre-reading stage. The target grammar and expression are presented in the form of short discourse to prepare for reading. In this stage, learner's background knowledge related to the reading text is activated through short speaking activities related to the topic.

읽기 Reading

읽기 단계는 목표 문법과 표현이 포함된 읽기 1·2·3으로 구성하였다. 이 단계에서는 학습자의 수준에 맞는 실제적이고 다양한 종류의 텍스트를 제시하였다. 읽은 내용에 대한 확인 문제를 통해서 학습자 스스로 이해 수준을 점검해 볼 수 있다. 읽기 3의 경우 쓰기 활동과 연계시켜 학습자의 쓰기를 향상시킬 수 있도록 하였다.

This stage is composed of Reading 1, 2, 3, including the target grammar and expression. In this stage, practical and diverse types of texts appropriate for learners' levels are shown. There are questions so learners can confirm the content of what they read and check their own level of understanding. In the case of Reading 3, it has been set up to improve learners' writing by linking it with the writing activities.

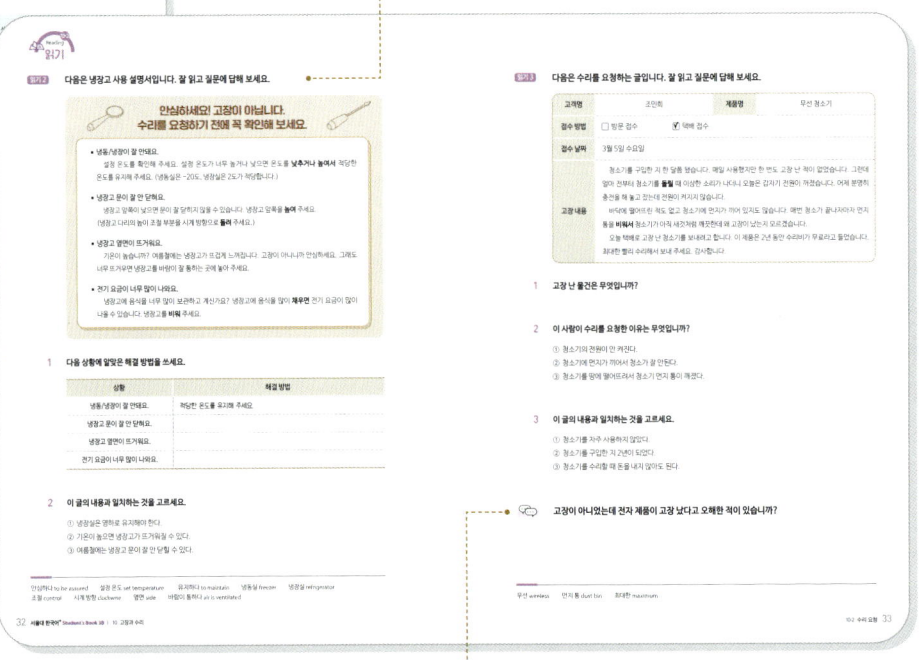

말하기 Speaking

읽기 후 단계이다. 이 단계에서는 읽기의 주제 및 기능과 연계된 질문을 제시하여 학습자들이 읽기 텍스트와 관련된 대화를 자유롭게 만들어 보도록 하였다.

This is the post-reading stage. In this stage, questions about the topic and function of reading are presented so that learners can freely create conversations related to the reading text.

쓰기 Writing

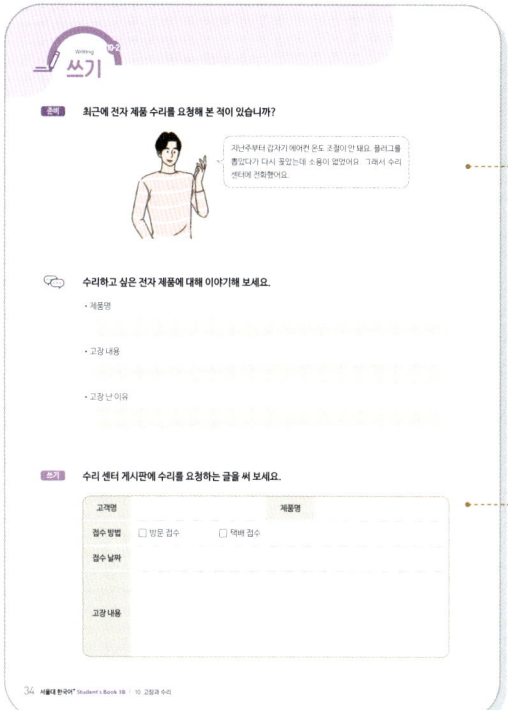

'준비'와 '쓰기' 활동으로 구성하였다.

This section is composed of Warm-up and Writing.

준비 Warm-up

쓰기 전 단계이다. 학습자는 질문이나 대화를 통해서 자신이 쓸 내용을 구상할 수 있다. 이를 활용하여 내용에 대한 개요를 작성하도록 하였다.

This is the pre-writing stage. Through questions or dialogues, learners can think about what they are going to write. Learners can utilize these activities to create an outline.

쓰기 Writing

준비 단계에서 작성한 개요를 바탕으로 하여 읽기 텍스트와 유사한 종류의 글을 쓰도록 하였다. 과정 중심 글쓰기 활동이며 이 단계를 통해서 학습자들이 자신의 쓰기 능력을 향상시킬 수 있도록 하였다.

Based on the outline prepared in the pre-writing stage, learners will write a similar text to the reading text. It is a process-oriented writing activity, and learners can improve their writing skills at this stage.

과제 Task

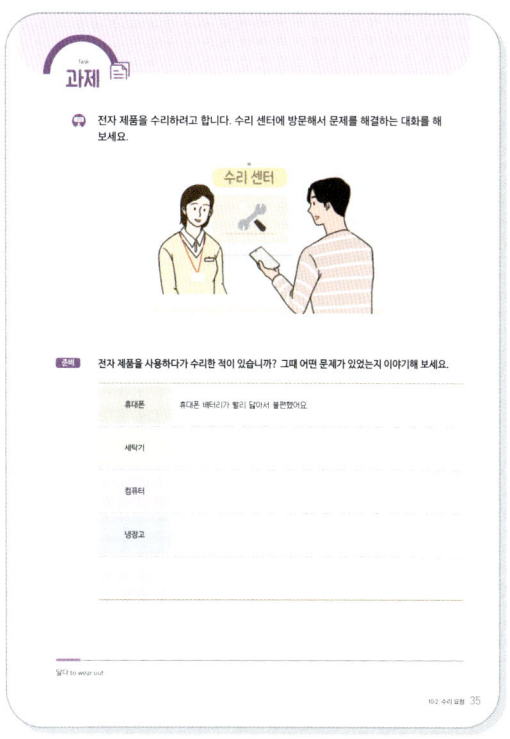

문제 해결 능력을 향상시킬 수 있는 과제 수행 단계로서 준비와 2~3단계로 구성하였다. 학습자 상호 작용을 통해 언어 사용의 유창성을 키우는 동시에 본 단원에서 학습한 주제 어휘와 목표 문법을 내재화하도록 한다.

The task stage, composed of Warm-up and 2–3 activities, can help improve problem-solving abilities. Through interactions among classmates, learners can internalize the topic vocabulary and target grammar learned in the unit.

문화 Culture

단원에서 제시하는 주제와 관련된 한국 문화 내용을 시각 자료와 간단한 텍스트로 함께 제시하여 한국 문화에 대한 이해를 넓힐 수 있게 구성하였다.

The Korean culture content related to the unit's topic is presented in simple text with visual materials so that learners can broaden their understanding of the Korean culture.

발음 및 자기 평가
Pronunciation and Self-Check

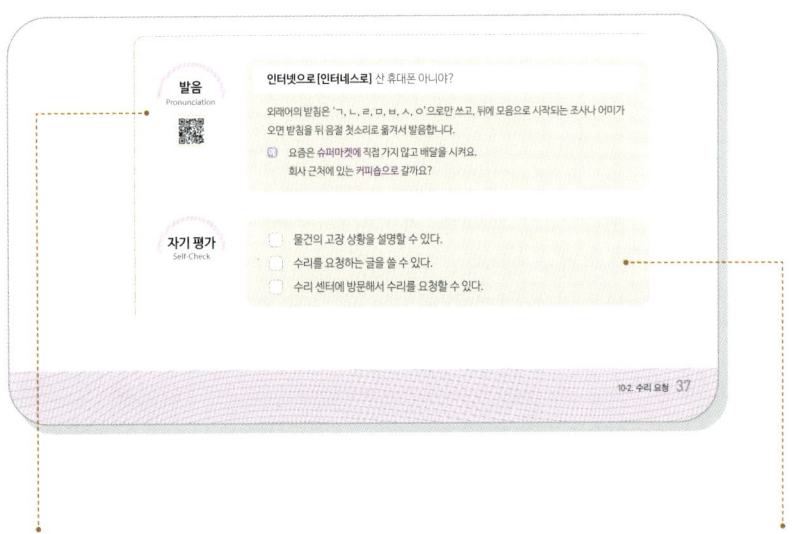

발음 Pronunciation

단원의 '말하기 1'에서 나타나는 음운 현상을 확인하고 예문을 통해 이해시킬 수 있게 구성하였다.

Pronunciation is structured so that the phonological phenomenon that appears in Speaking 1 of the unit can be confirmed and understood through example sentences.

자기 평가 Self-Check

단원에서 학습한 어휘와 문법을 사용하여 학습 목표를 달성하였는지를 질문과 답을 통해서 학습자 스스로 확인할 수 있도록 구성하였다.

By answering questions using the vocabulary and grammar learned in the unit, learners can check if they have achieved their learning goal.

차례 Table of Contents

머리말 Preface	• 2
일러두기 How to Use This Book	• 6
교재 구성표 Scope and Sequence	• 14
등장인물 Characters	• 20

3B

10단원	고장과 수리 Malfunctions & Repairs	10-1. 고장 상황 Malfunction Situations	• 24
		10-2. 수리 요청 Repair Requests	• 30
11단원	실수와 고민 Mistakes & Concerns	11-1. 실수와 후회 Mistakes & Regrets	• 40
		11-2. 고민과 조언 Concerns & Advice	• 46
12단원	습관의 중요성 Importance of Routines	12-1. 습관과 버릇 Routines & Habits	• 56
		12-2. 계획과 실천 Planning & Taking Action	• 62
13단원	연애와 결혼 Dating & Marriage	13-1. 연애의 조건 Conditions of Dating	• 72
		13-2. 사랑 이야기 Love Story	• 78
14단원	고향의 어제와 오늘 Hometown's Past & Future	14-1. 도시와 시골 City & Countryside	• 88
		14-2. 현재와 미래 Present & Future	• 94
15단원	건강한 몸과 마음 Healthy Body & Mind	15-1. 튼튼한 몸 Strong Body	• 104
		15-2. 건강한 마음 Healthy Mind	• 110
16단원	일과 직업 Work & Occupations	16-1. 아르바이트 Part-time job	• 120
		16-2. 일하고 싶은 곳 Place you want to work at	• 126
17단원	특별한 날 Special Days	17-1. 기념일 Anniversary	• 136
		17-2. 소중한 기억 Precious Memories	• 142
18단원	연극 Play	18-1. 흥부와 놀부 Heungbu & Nolbu	• 152

부록 Appendix	• 163

교재 구성표 Scope and Sequence

	단원 제목 Unit Title	어휘 Vocabulary	기능별 활동 Skills
10. 고장과 수리 Malfunctions & Repairs	10-1. 고장 상황 Malfunction Situations	고장 Malfunctions	**말하기 Speaking** • 고장 난 물건에 대해 묻고 답하기 Broken items Q&A • 문제 상황 듣고 조언하기 Listening to problems and giving advice • 고장 난 물건과 수리 방법에 대해 묻고 답하기 Broken items and fixing instructions Q&A
	10-2. 수리 요청 Repair Requests	요청 Requests	**읽기 Reading** • 수리 센터 광고 글 읽기 Repair center advertisement • 냉장고 사용 설명서 읽기 Refrigerator user manual • 수리를 요청하는 글 읽기 Repair request
11. 실수와 고민 Mistakes & Concerns	11-1. 실수와 후회 Mistakes & Regrets	실수 Mistakes	**말하기 Speaking** • 달라진 상황에 대해 묻고 답하기 Changes in situation Q&A • 후회하는 일에 대해 묻고 답하기 Regrets Q&A • 실수한 경험에 대해 묻고 답하기 Mistakes Q&A
	11-2. 고민과 조언 Concerns & Advice	고민과 해결 Concerns & Resolutions	**읽기 Reading** • 인터넷 상담 글 읽기 Internet consultation post • 새로 나온 책을 소개하는 글 읽기 New book introduction • 인터넷 상담 게시판 글 읽기 Internet consultation bulletin board
12. 습관의 중요성 Importance of Routines	12-1. 습관과 버릇 Routines & Habits	습관과 버릇 Routines & Habits	**말하기 Speaking** • 다른 사람이 시킨 일에 대해 묻고 답하기 Task someone made you do Q&A • 이루고 싶은 일에 대해 묻고 답하기 What you want to achieve Q&A • 고치고 싶은 버릇에 대해 묻고 말하기 Breaking habits Q&A
	12-2. 계획과 실천 Planning & Taking Action	계획과 실천 Planning & Taking Action	**읽기 Reading** • 계획과 실천에 대한 글 읽기 Planning and taking action • 성공한 사람들의 습관에 대한 글 읽기 Routines of successful people • 습관을 고친 경험에 대한 글 읽기 Passage about an experience of changing a routine

기능별 활동 Skills		문법과 표현 Grammar & Expression	과제 Task	문화 Culture	발음 Pronunciation
듣기 Listening	• 열차 고장에 대한 대화 듣기 Conversation about train breakdown • 자전거 고장과 수리에 대한 대화 듣기 Conversation about broken bike and repair • 전자 제품 고장 상황에 대한 대화 듣기 Conversation about broken electronics situation	• 동형-더니 • 동-지 그래(요)?	전자 제품 수리 요청하기 Requesting electronics repair	한국어식 영어, 콩글리시 Korean style English, Konglish	인터넷으로 (외래어) Borrowed Word
쓰기 Writing	• 수리를 요청하는 글쓰기 Repair request	• 사동(-이/히/리/기/우/추-)			
듣기 Listening	• 라디오 사연 듣기 Radio stories • 후회하는 일에 대한 설문 결과 대화 듣기 Conversation about regrets survey • 요리 수업 대화 듣기 Conversation about cooking class	• 동-고 보니 • 동-을 걸 (그랬다)	후회와 고민 게임하기 Playing a game about regrets and concerns	'아' 다르고 '어' 다르다? Mind your Ps and Qs	여권 (경음화 3) Glottalization 3
쓰기 Writing	• 다른 사람의 고민에 대해 조언하는 글쓰기 Advice on someone else's concerns	• 동-는데도, 형-은데도, 명인데도 • 명에 대해(서), 명에 대한			
듣기 Listening	• 습관에 대한 설문 조사 듣기 Survey about routines • 버릇에 대한 대화 듣기 Conversation about habits • 면접에 대한 대화 듣기 Conversation about an interview	• 동-게 하다 • 아무리 동형-어도	실천 목록 만들기 Creating a to-do list	옛날이야기 '소가 된 게으름뱅이' The old story of 'the lazy man who became a cow'	버릇이 (연음 2) Linking 2
쓰기 Writing	• 고치고 싶은 습관과 이유에 대한 글쓰기 Routine you want to change and why	• 동-을 생각도 못 하다 • 동-어 버리다			

	단원 제목 Unit Title	어휘 Vocabulary	기능별 활동 Skills	
13. 연애와 결혼 Dating & Marriage	13-1. 연애의 조건 Conditions of Dating	연애의 조건 Conditions of Dating	**말하기 Speaking**	
			• 앞으로의 계획에 대해 묻고 답하기 Future plans Q&A • 첫인상에 대해 묻고 답하기 First impressions Q&A • 좋아하는 사람에 대해 묻고 답하기 Person you like Q&A	
	13-2. 사랑 이야기 Love Story	사랑의 감정 Emotions of Love	**읽기 Reading**	
			• 사랑에 대한 웹툰 읽기 Webtoon about love • 연애에 대한 칼럼 읽기 Column about dating • 라디오 사연 읽기 Radio stories	
14. 고향의 어제와 오늘 Hometown's Past & Future	14-1. 도시와 시골 City & Countryside	도시와 시골 생활 City & Country Life	**말하기 Speaking**	
			• 자신의 경험에 대해 묻고 답하기 Your experiences Q&A • 인터넷에 올라온 질문에 대해 묻고 답하기 Internet posts Q&A • 고향의 변화에 대해 묻고 답하기 Changes in your hometown Q&A	
	14-2. 현재와 미래 Present & Future	변화 Changes	**읽기 Reading**	
			• 도시 변화에 대한 글 읽기 Post about the changes of a city • 한옥에 대한 기사 읽기 Article about Hanok • 마을 발전에 대한 글 읽기 Passage about village development	
15. 건강한 몸과 마음 Healthy Body & Mind	15-1. 튼튼한 몸 Strong Body	몸 상태 Physical Condition	**말하기 Speaking**	
			• 행동의 결과에 대해 묻고 답하기 Consequences of actions Q&A • 친구의 고민 듣고 조언하기 Listening to your friend's concerns and giving advice • 건강을 지키는 방법에 대해 묻고 답하기 How to stay healthy Q&A	
	15-2. 건강한 마음 Healthy Mind	정신 건강 Mental Health	**읽기 Reading**	
			• 스트레스 테스트에 대한 글 읽기 Text about stress level test • 스트레스에 대한 기사 읽기 Article about stress • 스트레스 푸는 방법에 대한 글 읽기 Passage about relieving stress	

기능별 활동 Skills		문법과 표현 Grammar & Expression	과제 Task	문화 Culture	발음 Pronunciation
듣기 Listening	• 결혼에 대한 설문 조사 결과 듣기 Marriage survey • 연애결혼과 중매결혼에 대한 대화 듣기 Conversation about love and arranged marriages • 연애와 결혼에 대한 대화 듣기 Conversation about dating and marriage	• 동-으려면 멀었다 • 동형-잖아(요), 명이잖아(요)	사랑 이야기 만들기 Creating a love story	한국의 결혼 풍습 Korea's marriage customs	그랬군요 (감탄문) Exclamatory sentence
쓰기 Writing	• 누군가를 좋아해 본 경험에 대한 글쓰기 Experience about liking someone	• 동형-으면 • 동형-을수록 • 동-는 척하다, 형-은 척하다, 명인 척하다			
듣기 Listening	• 농촌 학교에 대한 뉴스 듣기 Farming village school news • 여행지의 변화에 대한 대화 듣기 Conversation about changes at a travel destination • 도시 생활과 시골 생활에 대한 대화 듣기 Conversation about city life and country life	• 동형-었던, 명이었던 • 동형-을걸(요), 명일걸(요)	도시와 시골 생활의 장점과 단점에 대해 이야기하기 Talking about the pros and cons of city and country life	주말농장 Weekend farm	편리 (유음화) Lateralization
쓰기 Writing	• 고향의 과거와 현재, 미래에 대한 글쓰기 Past, present, and future of your hometown	• 명만큼 • 동형-지 않으면 안 되다			
듣기 Listening	• 건강에 대한 뉴스 듣기 News about heath • 운동에 대한 대화 듣기 Conversation about exercising • 건강에 대한 대화 듣기 Conversation about health	• 동-었더니 • 명이라도	건강에 대한 고민을 듣고 조언하기 Listening to health concerns and giving advice	특별한 날에 먹는 음식 Food eaten on special days	앉아서 (연음 3) Linking 3
쓰기 Writing	• 자기만 알고 있는 비법에 대한 글쓰기 Your secret method	• 동-느라(고) • 동형-었어야 하다, 명이었어야 하다			

단원 제목 Unit Title		어휘 Vocabulary	기능별 활동 Skills
16. 일과 직업 Work & Occupations	16-1. 아르바이트 Part-time job	구직 활동 Looking for a Job	**말하기 Speaking** • 추측한 상황에 대해 묻고 답하기 　Guessing the situation Q&A • 친구의 고민을 듣고 조언하기 　Listening to your friend's concerns and giving advice • 근무 조건과 업무에 대해 묻고 답하기 　Working conditions and duties Q&A
	16-2. 일하고 싶은 곳 Place you want to work at	근무 조건 Working Conditions	**읽기 Reading** • 신입 사원 모집 공고 읽기 　New employee recruitment notice • 직장 동료에게 보낸 이메일 읽기 　Emails sent to co-workers • 구직 사이트에 올라온 회사 소개 글 읽기 　Company introduction on a job search site
17. 특별한 날 Special Days	17-1. 기념일 Anniversary	기념일 Anniversary	**말하기 Speaking** • 준비하고 있는 일에 대해 묻고 답하기 　What you are preparing for Q&A • 추천하고 싶은 것에 대해 묻고 답하기 　Recommendations Q&A • 기념일에 대해 묻고 답하기 　Anniversaries Q&A
	17-2. 소중한 기억 Precious Memories	잊지 못할 기억 Unforgettable Memories	**읽기 Reading** • 결혼 축하 메시지 읽기 　Wedding congratulatory messages • 한국의 특별한 날에 대한 설명문 읽기 　Passage about a special day in Korea • 감사 이메일 읽기 　Thank you email
18. 연극 Play	18-1. 흥부와 놀부 Heungbu & Nolbu	흥부와 놀부 Heungbu & Nolbu	**말하기 Speaking** • 자신이 한 말 강조해서 이야기하기 　Emphasizing what you said • 일의 결과에 대해 이야기하기 　Talking about the outcome of work • 그림 보고 이야기 완성하기 　Looking at a picture and completing the story **읽기 Reading** • 연극 '흥부와 놀부' 대본의 한 장면 읽기 　A scene from the script of 'Heungbu and Nolbu'

기능별 활동 Skills	문법과 표현 Grammar & Expression	과제 Task	문화 Culture	발음 Pronunciation
듣기 Listening • 아르바이트 앱 광고 듣기 Part-time job app advertisement • 아르바이트에 대한 대화 듣기 Conversation about part-time job • 라디오 방송 대화 듣기 Radio broadcast **쓰기 Writing** • 일하고 싶은 회사의 조건 쓰기 Conditions of your dream company	• 동-는 모양이다, 형-은 모양이다, 명인 모양이다 • 동형-어야 할 텐데, 명이어야 할 텐데 • 동-는다면, 형-다면, 명이라면 • 누구든(지), 언제든(지), 어디든(지), 무엇이든(지)	취업박람회 참가하기 Attending a career fair	직장인의 회식 문화 Worker's company meal culture	명령문의 억양 Intonation of Commands
듣기 Listening • 교내 방송 듣기 School broadcasts • 기념일에 대한 대화 듣기 Conversation about anniversaries • 대회 참가에 대한 대화 듣기 Conversation about contest participation **쓰기 Writing** • 감사 카드 쓰기 Thank you card	• 동-으려던 참이다 • 얼마나 동-는지 모르다, 얼마나 형-은지 모르다 • 동형-다니(요), 명이라니(요) • 동-는 대신(에), 형-은 대신(에)	기념일 행사 계획하기 Planning an anniversary event	한글날 Hangeul Day	끊어 말하기 Making pauses when speaking
듣기 Listening • 연극 '흥부와 놀부'의 한 장면 듣기 A scene from the play 'Heungbu and Nolbu' **쓰기 Writing** • 연극 '흥부와 놀부' 결말 상상해서 완성하는 글쓰기 Imagining the ending of 'Heungbu and Nolbu'	• 동-는다니까(요), 형-다니까(요), 명이라니까(요) • 동-고 말다	연극하기 Putting on a play	제비 Swallow	

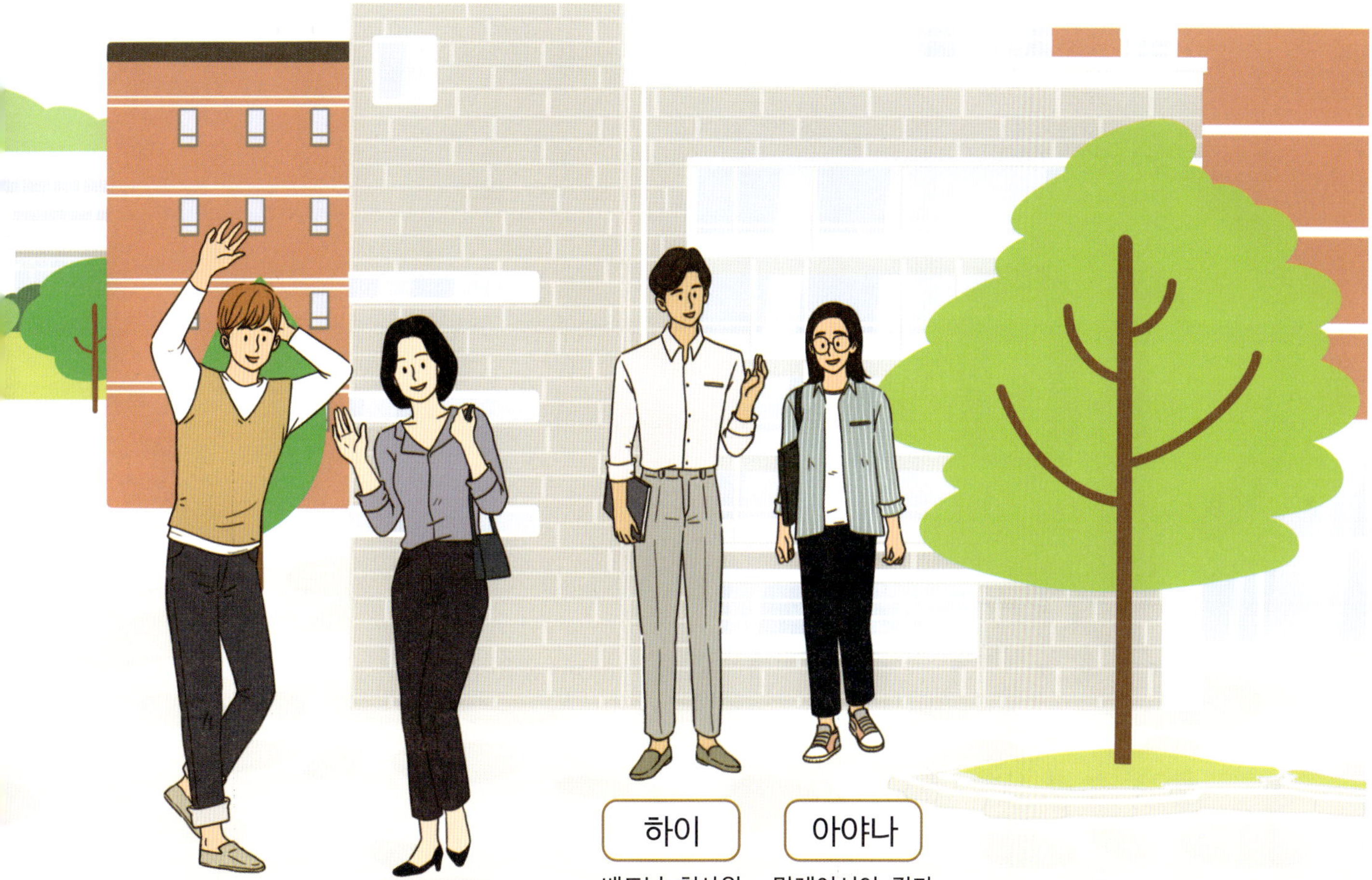

하이
베트남, 회사원

아야나
말레이시아, 작가

닛쿤
태국, 연예인 연습생

이유진
한국, 회사원

에릭
프랑스, 운동선수

자밀라
우즈베키스탄, 모델

안나
러시아, 화가

다니엘
미국, 대학원생

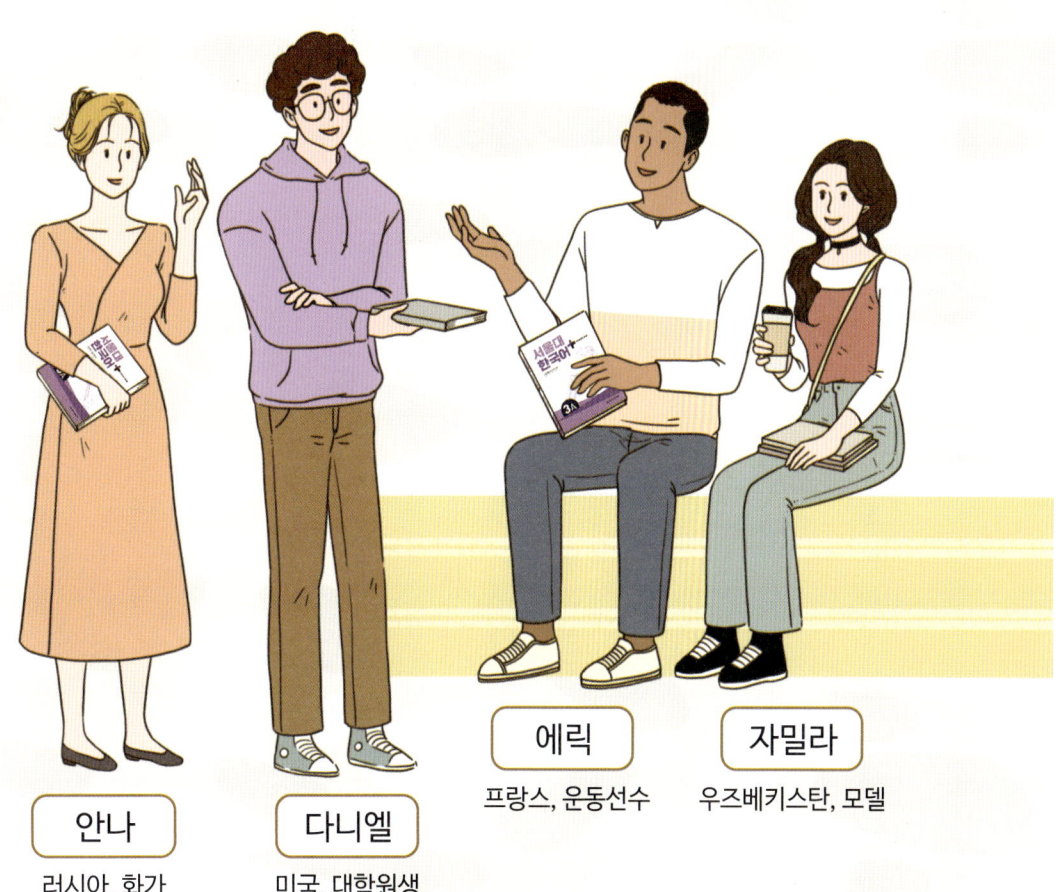

10 고장과 수리 Malfunctions & Repairs

- **10-1** 고장 상황
- **10-2** 수리 요청

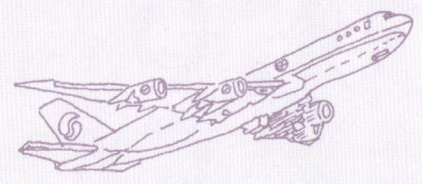

1 전자 제품이 고장 난 적이 있습니까? 어떤 문제가 있었습니까?
2 전자 제품이 고장 났을 때 어떻게 문제를 해결했습니까?

어휘 10-1 고장 상황

1 전자 제품에 어떤 문제가 있었는지 이야기해 보세요.

통화가 끊기다   액정이 깨지다   화면이 안 나오다   채소가 얼다   온도 조절이 안 되다   종이가 걸리다

얼마 전에 프린터가 고장 난 적이 있어요. **종이가** 계속 **걸렸어요.**

2 왜 고장이 났는지 이야기해 보세요.

물에 빠뜨리다   땅에 떨어뜨리다   음료수를 쏟다   먼지가 끼다

어쩌다가 휴대폰이 고장 났어요?   낚시를 하다가 휴대폰을 **물에 빠뜨렸어요.**

3 해결 방법에 대해 이야기해 보세요.

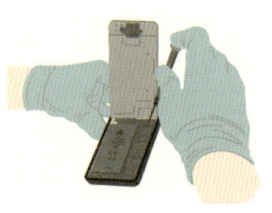   

수리하다   전원을 켜다/끄다   배터리를 넣다/빼다   플러그를 꽂다/뽑다

냉장고가 고장 났나 봐요. 채소가 얼어요.  **플러그를 뽑았다가** 다시 **꽂아** 보세요.

통화가 끊기다 phone call is disconnected	액정이 깨지다 screen is cracked	화면이 안 나오다 screen is not displaying
채소가 얼다 vegetables are frozen	온도 조절이 안 되다 temperature control does not work	종이가 걸리다 paper is jammed
물에 빠뜨리다 to drop in the water	땅에 떨어뜨리다 to drop on the ground	음료수를 쏟다 to spill one's beverage
먼지가 끼다 to be covered in dust	수리하다 to repair	전원을 켜다/끄다 to turn on/off
배터리를 넣다/빼다 to put in/remove batteries		플러그를 꽂다/뽑다 to plug in/out the power plug

말하기 Speaking 10-1

준비 1 고장이 난 물건에 대해 친구와 이야기해 보세요.

> 가: 휴대폰이 이상하네.
> 나: 왜? 무슨 문제가 있어?
> 가: 통화가 자꾸 **끊기더니** 소리가 안 들려.

1) 통화가 자꾸 끊기다 → 소리가 안 들리다

2) '윙' 하는 소리가 나다 → 시원한 바람이 안 나오다

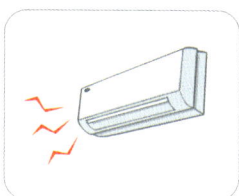

3) 온도 조절이 잘 안되다 → 채소가 얼다

4) 화면이 흐려지다 → 전원이 꺼지다

준비 2 친구의 문제 상황을 듣고 조언해 보세요.

> 가: 컴퓨터 화면이 안 나와요.
> 나: 그럼 전원을 껐다가 다시 **켜 보지 그래요**?
> 가: 네. 그렇게 해 볼게요.

1)

2)

3)

4)

윙 buzzing (sound)

문법과 표현		
동 형 -더니	☞	4쪽
동 -지 그래(요)?	☞	5쪽

10-1. 고장 상황

말하기 1
다음은 고장 난 물건에 대한 대화입니다. 해결 방법에 대해 이야기해 보세요.

1. 남자의 휴대폰에 무슨 문제가 있습니까?
2. 남자의 휴대폰은 언제부터 문제가 있었습니까?
3. 여자는 남자에게 어떻게 해 보라고 했습니까?

하이: 휴대폰이 고장 났나 봐.
마리: 얼마 전에 인터넷으로 샀다고 하지 않았어? 벌써 고장이 났다고?
하이: 통화가 자꾸 끊기더니 소리가 안 들려.
마리: 언제부터 그랬는데? 어제는 아무 문제도 없었지?
하이: 응. 어제까지 잘 되더니 오늘 아침부터 갑자기 그러네.
마리: 한번 껐다가 켜 보지 그래? 그렇게 하면 될 때가 있더라고.
하이: 벌써 해 봤지. 껐다가 켜 봤는데 소용이 없어.
마리: 그럼 빨리 수리 센터에 가지고 가 봐. 큰 고장은 아닐 거야.

전자 제품	문제점	해결 방법
휴대폰	통화가 자꾸 끊기다, 소리가 안 들리다	껐다가 켜다
컴퓨터	속도가 점점 느려지다, 전원이 안 켜지다	플러그를 뽑았다가 꽂다
카메라	화면이 흐려지다, 사진이 안 찍히다	배터리를 뺐다가 넣다

소용이 없다 to be useless   수리 센터 repair center   속도 speed

말하기 2 고장 난 물건에 대해 이야기해 보세요.

1 친구에게 고장 상황을 설명해 보세요.

휴대폰	컴퓨터	텔레비전	
☐ 통화가 안 돼요.	☐ 이상한 소리가 나요.	☐ 소리가 안 들려요.	☐
☐ 액정이 깨졌어요.	☐ 화면이 안 나와요.	☐ 전원이 안 켜져요.	☐
☐ 터치가 안 돼요.	☐ 속도가 느려요.	☐ 화면이 흐려요.	☐
☐	☐	☐	☐

2 고장 난 물건에 대해 친구와 이야기해 보세요.

- 휴대폰이 고장 났나 봐.
- 어떻게 안 되는데?
- 전화가 자꾸 끊기더니 소리가 안 들려.
- 언제부터 그랬어?
- 며칠 전까지 잘 되더니 어제부터 안 돼.
- 혹시 땅에 떨어뜨렸어?
- 아니. 그런 적 없는데….
- 껐다가 켜 보지 그래? 그렇게 하면 될 때가 있더라고.
- 껐다가 켜 봤는데 안 돼.
- 그럼 빨리 수리 센터에 가지고 가 봐.

터치 touch

Listening 듣기 10-1

준비 물건이 고장 난 적이 있습니까? 왜 고장이 났습니까?

지난주에 사진을 찍다가 카메라를 땅에 떨어뜨렸어요. 그래서 카메라가 고장 났어요.

듣기 1 다음은 열차 고장에 대한 대화입니다. 잘 듣고 질문에 답해 보세요.

1. 열차는 왜 고장이 났습니까?

2. 남자에 대한 설명으로 맞는 것을 고르세요.
   ① 기차를 타고 출장을 가고 있다.
   ② 창문에 머리를 부딪혀서 목을 다쳤다.
   ③ 회의를 하기 위해 회사로 돌아갈 것이다.

듣기 2 다음은 자전거 고장에 대한 대화입니다. 잘 듣고 질문에 답해 보세요.

1. 남자가 이어서 할 행동으로 맞는 것을 고르세요.
   ① 자전거를 고치러 간다.
   ② 자전거 수리 센터에 연락해 본다.
   ③ 부품을 주문해서 자전거를 직접 고친다.

2. 들은 내용과 일치하는 것을 고르세요.
   ① 남자의 자전거는 전에도 고장 난 적이 있다.
   ② 여자는 자전거를 무료로 수리해 주는 곳을 알고 있다.
   ③ 여자는 남자에게 수리 센터에 자전거를 맡겨 달라고 부탁했다.

열차 train   엔진 engine   운행하다 to operate   객실 cabin   흔들리다 to shake   타이어 tire   펑크가 나다 to have a flat tire
브레이크를 잡다 to apply the breaks   부품을 교체하다 to replace a part   수리비 repair cost   고치다 to fix

듣기 3 다음은 전자 제품에 대한 대화입니다. 잘 듣고 질문에 답해 보세요.

1 두 사람의 관계로 맞는 것을 고르세요.

① 수리 기사와 고객
② 고객 센터 직원과 고객
③ 고객 센터 직원과 수리 기사

2 여자에 대한 설명으로 맞는 것을 고르세요.

① 텔레비전을 구입하고 있다.
② 이사를 하다가 텔레비전을 땅에 떨어뜨렸다.
③ 텔레비전이 고장 나서 고객 센터에 연락했다.

3 다음은 수리 신청서입니다. 들은 내용을 써 보세요.

수리 신청서

제품	
무슨 문제가 있습니까?	
언제부터 그랬습니까?	
고장이 난 이유는 무엇입니까?	

친구들과 이야기해 보세요.

- 수리 기사를 부르거나 수리 센터에 가 본 적이 있습니까?
- 물건이 고장 나면 수리해서 쓰는 편입니까? 새로 사는 편입니까?

옮기다 to transfer   액정이 나가다 screen blacked out

수리 요청

1 그림을 보고 무엇을 하고 있는지 말해 보세요.

맡기다 요청하다 접수하다   방문하다 확인하다

남자는 카메라가 고장 나서 수리 센터에 **맡겼어요**.

2 그림을 보고 다른 사람에게 요청해 보세요.

알리다   낮추다   늦추다

비우다   채우다   돌리다   높이다

맡기다 to leave	요청하다 to request	접수하다 to receive	방문하다 to visit	확인하다 to check
알리다 to notify	낮추다 to lower	늦추다 to postpone	비우다 to empty	채우다 to fill
돌리다 to run	높이다 to raise			

준비 그림을 보고 말해 보세요.

> 소매에 얼룩이 생겨서 양복을 세탁소에 **맡겼어요**.

읽기 1 다음은 광고 글입니다. 잘 읽고 질문에 답해 보세요.

휴대폰에 문제가 생겼다고요? 고민하지 마시고 저희 수리 센터에 **맡겨** 주세요. 저렴한 가격으로 최고의 서비스를 제공해 드립니다.

저희 수리 센터에서 최근 찾아가는 휴대폰 수리 서비스를 시작했습니다. 하루 전에 요청하시면 수리 기사가 직접 댁에 방문해서 수리해 드리고 휴대폰을 오래 사용하는 방법도 **알려** 드립니다.

- 액정이 깨진 휴대폰
- 배터리 충전이 안 되는 휴대폰
- 물에 빠뜨린 휴대폰
- 전원이 안 켜지는 휴대폰

1 무엇에 대한 광고입니까?

2 잘 읽고 내용과 일치하면 ○, 일치하지 않으면 × 하세요.

1) 하루 전에 수리를 맡기면 다음 날 찾을 수 있다. ( )
2) 미리 신청하면 수리 기사가 집으로 찾아와서 휴대폰을 고쳐 준다. ( )
3) 수리 센터에서 가벼운 고장을 스스로 고칠 수 있는 방법을 알려 준다. ( )

소매 sleeve   얼룩 stain   제공하다 to provide   충전 charge

문법과 표현 사동(-이/히/리/기/우/추-) ☞ 6쪽

읽기 2 다음은 냉장고 사용 설명서입니다. 잘 읽고 질문에 답해 보세요.

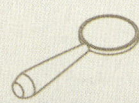

안심하세요! 고장이 아닙니다.
수리를 요청하기 전에 꼭 확인해 보세요.

- **냉동/냉장이 잘 안돼요.**
  설정 온도를 확인해 주세요. 설정 온도가 너무 높거나 낮으면 온도를 **낮추거나 높여서** 적당한 온도를 유지해 주세요. (냉동실은 -20도, 냉장실은 2도가 적당합니다.)

- **냉장고 문이 잘 안 닫혀요.**
  냉장고 앞쪽이 낮으면 문이 잘 닫히지 않을 수 있습니다. 냉장고 앞쪽을 **높여** 주세요.
  (냉장고 다리의 높이 조절 부분을 시계 방향으로 **돌려** 주세요.)

- **냉장고 옆면이 뜨거워요.**
  기온이 높습니까? 여름철에는 냉장고가 뜨겁게 느껴집니다. 고장이 아니니까 안심하세요. 그래도 너무 뜨거우면 냉장고를 바람이 잘 통하는 곳에 놓아 주세요.

- **전기 요금이 너무 많이 나와요.**
  냉장고에 음식을 너무 많이 보관하고 계신가요? 냉장고에 음식을 많이 **채우면** 전기 요금이 많이 나올 수 있습니다. 냉장고를 **비워** 주세요.

1 다음 상황에 알맞은 해결 방법을 쓰세요.

상황	해결 방법
냉동/냉장이 잘 안돼요.	적당한 온도를 유지해 주세요.
냉장고 문이 잘 안 닫혀요.	
냉장고 옆면이 뜨거워요.	
전기 요금이 너무 많이 나와요.	

2 이 글의 내용과 일치하는 것을 고르세요.

① 냉장실은 영하로 유지해야 한다.
② 기온이 높으면 냉장고가 뜨거워질 수 있다.
③ 여름철에는 냉장고 문이 잘 안 닫힐 수 있다.

안심하다 to be assured   설정 온도 set temperature   유지하다 to maintain   냉동실 freezer   냉장실 refrigerator
조절 control   시계 방향 clockwise   옆면 side   바람이 통하다 air is ventilated

읽기 3 다음은 수리를 요청하는 글입니다. 잘 읽고 질문에 답해 보세요.

고객명	조민희	제품명	무선 청소기
접수 방법	☐ 방문 접수　　☑ 택배 접수		
접수 날짜	3월 5일 수요일		
고장 내용	청소기를 구입한 지 한 달쯤 됐습니다. 매일 사용했지만 한 번도 고장 난 적이 없었습니다. 그런데 얼마 전부터 청소기를 **돌릴** 때 이상한 소리가 나더니 오늘은 갑자기 전원이 꺼졌습니다. 어제 분명히 충전을 해 놓고 잤는데 전원이 켜지지 않습니다.　　바닥에 떨어뜨린 적도 없고 청소기에 먼지가 끼어 있지도 않습니다. 매번 청소가 끝나자마자 먼지 통을 **비워서** 청소기가 아직 새것처럼 깨끗한데 왜 고장이 났는지 모르겠습니다.　　오늘 택배로 고장 난 청소기를 보내려고 합니다. 이 제품은 2년 동안 수리비가 무료라고 들었습니다. 최대한 빨리 수리해서 보내 주세요. 감사합니다.		

1 고장 난 물건은 무엇입니까?

2 이 사람이 수리를 요청한 이유는 무엇입니까?

① 청소기의 전원이 안 켜진다.
② 청소기에 먼지가 끼어서 청소가 잘 안된다.
③ 청소기를 땅에 떨어뜨려서 청소기 먼지 통이 깨졌다.

3 이 글의 내용과 일치하는 것을 고르세요.

① 청소기를 자주 사용하지 않았다.
② 청소기를 구입한 지 2년이 되었다.
③ 청소기를 수리할 때 돈을 내지 않아도 된다.

💬 고장이 아니었는데 전자 제품이 고장 났다고 오해한 적이 있습니까?

무선 wireless　　먼지 통 dust bin　　최대한 maximum

준비 최근에 전자 제품 수리를 요청해 본 적이 있습니까?

지난주부터 갑자기 에어컨 온도 조절이 안 돼요. 플러그를 뽑았다가 다시 꽂았는데 소용이 없었어요. 그래서 수리 센터에 전화했어요.

말하기 수리하고 싶은 전자 제품에 대해 이야기해 보세요.

- 제품명

- 고장 내용

- 고장 난 이유

쓰기 수리 센터 게시판에 수리를 요청하는 글을 써 보세요.

고객명		제품명	
접수 방법	☐ 방문 접수	☐ 택배 접수	
접수 날짜			
고장 내용			

전자 제품을 수리하려고 합니다. 수리 센터에 방문해서 문제를 해결하는 대화를 해 보세요.

준비 전자 제품을 사용하다가 수리한 적이 있습니까? 그때 어떤 문제가 있었는지 이야기해 보세요.

휴대폰	휴대폰 배터리가 빨리 닳아서 불편했어요.
세탁기	
컴퓨터	
냉장고	

닳다 to wear out

과제

1 제품 카드를 한 장씩 나눠 가지세요. 그리고 고객용 수리 신청서를 완성해 보세요.

활동지 164쪽

제품명		구입 장소	
구입 날짜		고장 시기	
고장 상황	· · ·		
고장 원인	☐ ☐ ☐ ☐ ☐		

2 수리 센터 직원과 고객이 되어 고장 상황과 수리 내용에 대해 이야기해 보세요.

- 무엇을 도와드릴까요?
- 휴대폰이 고장 나서 왔어요.
- 언제 구입하셨습니까?
- 산 지 얼마 안 됐어요. 한 달 전쯤 인터넷으로 구입했어요.
- 휴대폰에 무슨 문제가 있습니까?
- 어제까지는 잘 되더니 오늘 아침부터 갑자기 전원이 안 켜져요.
- 혹시 땅에 떨어뜨리시거나 물에 빠뜨리신 적이 있습니까?
- 아니요. 그런 적 없어요. 항상 케이스도 씌우고 사용했어요. 그런데 수리비가 얼마나 나올까요?

3 수리를 맡기고 싶은 직원과 그 이유를 발표해 보세요.

시기 period

한국어식 영어, 콩글리시

상품을 판 회사에서 그 상품을 설치해 주거나 문제가 생겼을 때 수리해 주는 일을 '애프터서비스'라고 합니다. '애프터서비스'를 '에이에스(A/S)'로 줄여서 말하기도 합니다. 또 구입한 물건이 고장 났을 때 제품을 수리해 주는 곳을 '서비스 센터'라고 합니다. 이 단어들은 모두 한국어식 영어입니다. 예를 들어 플러그를 꽂는 곳을 '콘센트'라고 하고 휴대용 컴퓨터를 '노트북'이라고 합니다. 한국어를 처음 배울 때 이런 표현들을 이해하지 못해서 어려움을 느끼는 외국인들이 많다고 합니다. 여러분도 이런 표현을 알고 있습니까?

발음 Pronunciation

인터넷으로 [인터네스로] 산 휴대폰 아니야?

외래어의 받침은 'ㄱ, ㄴ, ㄹ, ㅁ, ㅂ, ㅅ, ㅇ'으로만 쓰고, 뒤에 모음으로 시작되는 조사나 어미가 오면 받침을 뒤 음절 첫소리로 옮겨서 발음합니다.

예) 요즘은 **슈퍼마켓에** 직접 가지 않고 배달을 시켜요.
   회사 근처에 있는 **커피숍으로** 갈까요?

자기 평가 Self-Check

- ☐ 물건의 고장 상황을 설명할 수 있다.
- ☐ 수리를 요청하는 글을 쓸 수 있다.
- ☐ 수리 센터에 방문해서 수리를 요청할 수 있다.

11 실수와 고민
Mistakes & Concerns

11-1 실수와 후회
11-2 고민과 조언

1 최근에 어떤 실수를 했습니까?
2 요즘 무슨 고민이 있습니까?

실수와 후회

1 그림을 보고 이야기를 만들어 보세요.

2 실수한 경험이나 후회하는 일이 있습니까?

| 한국에서 | 고향에서 | 어렸을 때 | 수업 시간에 | 여행 갔을 때 |

> 처음 한국에 왔을 때 한국말을 잘 못해서 **실수를** 많이 **했어요**. 1급 때 한국어 선생님께 계속 반말로 이야기했는데 지금 생각하면 너무 창피해요.

> 고향에서 동생을 자전거에 태우고 가다가 넘어진 적이 있어요. 저 때문에 동생이 다쳤어요. **심각한** 상처는 아니었지만 그때 더 **조심하지** 않은 걸 **후회했어요**.

> 수업 시간에 선생님 몰래 과자를 먹다가 **들킨** 적이 있어요. 수업 시간에 음식을 먹으면 안 되는데 제가 **잘못한** 것 같아요.

깜빡하다 to forget   당황하다 to be flustered   겁이 나다 to be scared   감추다 to hide
다행이다 to be relieved   실수하다 to make a mistake   심각하다 to be severe   조심하다 to be careful
후회하다 to regret   들키다 to get caught   잘못하다 to do something wrong

Speaking 말하기 11-1

준비 1 다음 상황을 보고 이야기해 보세요.

> 가: 예전에는 유학 생활이 힘들다고 생각했는데 **지나고 보니** 재미있는 추억처럼 느껴져요.
> 나: 맞아요. 저도 비슷한 경험을 한 적이 있어요.

예전	지금
• 유학 생활이 힘들다고 생각하다	• 재미있는 추억처럼 느껴지다
• 친구가 거짓말을 해서 싸우다	• 친구의 사정이 이해가 되다
• 월세가 싸서 마음에 들다	• 소음도 심하고 방이 너무 어둡다
• 친구를 소개받다	• 그 친구가 같은 고향 사람이다

준비 2 후회하는 일에 대해 이야기해 보세요.

> 가: 어쩌다가 동생 여권을 가지고 왔어요?
> 나: 제 여권을 동생 여권하고 같은 곳에 뒀거든요. 잘 **확인해 볼 걸 그랬어요**.

1) 동생 여권을 가지고 오다

2) 비를 맞다

3) 시험을 망치다

4) 사이즈가 안 맞는 옷을 사다

문법과 표현
동-고 보니 ☞ 7쪽
동-을 걸 (그랬다) ☞ 8쪽

예전 past   사정 reason   비를 맞다 to get wet by the rain   망치다 to ruin

말하기 1
다음은 실수한 경험에 대한 대화입니다. 친구와 이야기해 보세요.

1. 여자는 어떤 실수를 했습니까?
2. 여자는 어떻게 문제를 해결했습니까?
3. 여자는 무엇을 후회했습니까?

닛쿤: 여행은 잘 다녀왔어요?

유진: 네. 잘 다녀왔어요. 근데 출발하는 날 비행기를 놓칠 뻔했어요.

닛쿤: 네? 비행기를 놓칠 뻔했다고요?

유진: 네. 공항에 도착해서 여권을 확인하고 보니 동생 여권이더라고요.

닛쿤: 정말 당황했겠어요. 그래서 어떻게 했어요?

유진: 여권을 가지러 집에 다시 갔다 왔어요. 미리 잘 확인할 걸 그랬어요.

닛쿤: 그래도 큰 문제 없이 잘 해결돼서 다행이네요.

유진: 네. 그때는 정말 힘들었는데 지나고 보니 재미있는 일처럼 느껴지네요.

실수	문제	해결
출발하는 날 비행기를 놓치다	여권을 확인하고 보니 동생 여권이다	집에 갔다 오다
도착한 날 여행 가방을 잃어버리다	가방을 열고 보니 다른 사람의 가방이다	가방에 있던 연락처로 전화하다
겨울옷을 안 가져가서 감기에 걸리다	밖에 나가고 보니 폭설이 내리다	같이 간 친구에게 겨울옷을 빌리다

말하기 2　실수한 경험에 대해 친구와 이야기해 보세요.

1　그림을 보고 어떤 상황인지 이야기해 보세요.

2　실수한 경험에 대해 친구와 이야기해 보세요.

여행은 잘 다녀왔어요?

네. 근데 비행기를 놓칠 뻔했어요.

네? 비행기를 놓칠 뻔했다고요?

공항에 도착하고 보니 여권이 없더라고요.

정말 당황했겠어요. 그래서 어떻게 했어요?

동생한테 여권을 가지고 와 달라고 부탁했어요. 출발하기 전에 잘 확인해 볼 걸 그랬어요.

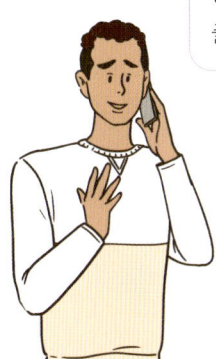

준비 최근에 후회한 일이 있습니까?

얼마 전에 축구를 하다가 창문을 깬 적이 있어요. 그런데 저 대신 제 친구가 창문을 깼다고 오해를 받았어요. 그 친구한테 정말 미안했어요. 그때 제 잘못을 솔직하게 말할 걸 그랬어요.

듣기 1 다음은 실수에 대한 라디오 사연입니다. 잘 듣고 질문에 답해 보세요.

1 잘 듣고 내용과 일치하면 ○, 일치하지 않으면 ✕ 하세요.

1) 이 사람은 실수로 선배에게 문자를 보냈다. ( )
2) 이 사람은 선배에게 문자를 보낼지 고민하고 있다. ( )
3) 이 사람은 선배에게 연락해서 좋아한다고 말할 것이다. ( )

2 이 사람에게 해 주고 싶은 말이 있습니까?

듣기 2 다음은 후회하는 일에 대한 대화입니다. 잘 듣고 질문에 답해 보세요.

1 남자에 대한 설명으로 맞는 것을 고르세요.

① 시험공부를 하지 않은 것을 후회하고 있다.
② 돈을 많이 모으지 못한 것을 후회하고 있다.
③ 운동을 열심히 하지 않은 것을 후회하고 있다.

2 후회에 대한 여자의 생각으로 맞는 것을 고르세요.

① 살면서 후회를 하지 않는 사람은 없다.
② 후회하지 않도록 열심히 공부해야 한다.
③ 후회를 해 본 사람은 실수를 줄일 수 있다.

사연 story   속마음 one's heart   청취자 listener

듣기 3   다음은 요리 수업에 대한 대화입니다. 잘 듣고 질문에 답해 보세요.

1 두 사람의 관계로 맞는 것을 고르세요.

① 직원 / 손님

② 요리사 / 손님

③ 요리 선생님 / 학생

2 여자가 한 실수로 맞는 것을 고르세요.

①

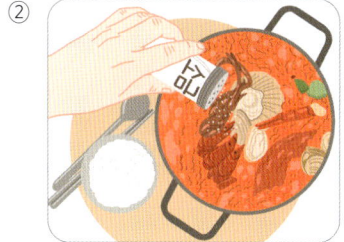
②

③

3 여자가 이어서 할 행동은 무엇입니까?

💬 **친구들과 이야기해 보세요.**

- 자주 하는 실수가 있습니까?
- 실수하지 않기 위해서 어떤 노력을 하고 있습니까?

해물탕 spicy seafood soup   간을 맞추다 to season

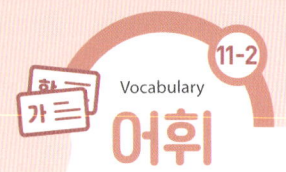

고민과 조언

1 친구의 고민을 듣고 조언해 보세요.

- 오늘 좀 힘들어 보이네요. 무슨 **고민이 있어요**?
- 같이 사는 친구가 밤마다 시끄럽게 통화를 해서 요즘 잠을 잘 못 자요. 그 친구는 저보다 늦게 자는 편이거든요. 근데 친구가 기분 나빠할까 봐 아무 말도 못하겠어요.
- 정말 힘들겠네요. 그런데 그 **문제를 해결하려면** 안나 씨가 그 친구에게 직접 이야기해야 해요. 잘 말하면 그 친구도 이해해 줄 거예요.
- 그렇게 해 볼게요. **조언해** 줘서 정말 고마워요.
- **도움이** 되었으면 좋겠네요.

2 다음에 대해 친구들과 이야기해 보세요.

- 어렸을 때 **야단맞은** 적이 있어요?
- **불만이 있을 때** 어떻게 해요?
- 최근에 **불평을 한** 적이 있나요?
- **짜증이 나거나 화가 날 때** 어떻게 풀어요?

고민이 있다 to have a concern	조언하다 to advise	도움이 되다 to be helpful
불만이 있다 to have a dissatisfaction	불평하다 to complain	야단치다/야단맞다 to scold/be scolded
짜증을 내다/짜증이 나다 to act irritated/be irritated		화를 풀다/화가 풀리다 to blow off steam/anger is relieved

문제를 해결하다 to solve an issue

Reading 11-2 읽기

준비 요즘 친구들을 만나면 무슨 이야기를 많이 합니까?

> 요즘 친구들과 한국어 **공부에 대해** 자주 이야기합니다. 한국어 뉴스를 듣고 단어를 열심히 **외우는데도** 한국어 실력이 좋아지지 않아서 고민하는 친구들이 많습니다.

| 한국어 공부 | 대학교 입학 | 아르바이트 | ? |

읽기 1 다음은 상담을 요청하는 글입니다. 잘 읽고 질문에 답해 보세요.

대학생들의 비밀 이야기

주말마다 카페에서 아르바이트를 하는데 사장님이 제 가족이나 **친구에 대한** 질문을 자주 하세요. 평소에는 정도 많고 친절한 분이세요. 하지만 저는 같이 일하는 사람들과 제 **사생활에 대해서** 별로 이야기하고 싶지 않아요. 그래서 며칠 전에 조금 불편하다고 **이야기했는데도** 계속 물어보세요. 사장님께 짜증을 내거나 화를 낼 수도 없고 어떻게 하면 좋을까요?

1 잘 읽고 내용과 일치하면 ○, 일치하지 않으면 × 하세요.

1) 이 사람은 사장님에게 가족에 대한 질문을 자주 한다. (　　)
2) 이 사람은 사장님에게 짜증을 내거나 화를 낸 적이 있다. (　　)
3) 이 사람은 동료들과 개인적인 일에 대해 이야기하는 것을 불편하다고 느낀다. (　　)

2 여러분도 비슷한 고민을 한 적이 있습니까?

사생활 one's private life　　개인적 personal

읽기 2 다음은 새로 나온 책을 소개하는 글입니다. 잘 읽고 질문에 답해 보세요.

새로 나온 책

고대 수메르의 점토판에는 요즘 아이들은 버릇이 없다는 내용이 쓰여 있습니다. 아주 오래전에 그려진 **벽화인데도 불구하고** 사람들의 고민이 지금과 크게 다르지 않습니다. 실제로 **세대 차이에 대한** 설문 조사에서 88%의 사람들이 세대 차이를 느껴 본 적이 있다고 대답했습니다. 그리고 세대 차이 때문에 고민이라고도 말했습니다. 세대 차이는 왜 생기는 것일까요? 그 이유는 **서로에 대한** 이해와 대화가 부족하기 때문입니다. 세대 차이로 고민하고 계십니까? 지금 바로 이 책을 읽어 보세요.

세대 차이 문제를 해결하려면
첫째, 상대방의 의견을 끝까지 들어 줘야 합니다.
둘째, 서로의 문화를 이해하려고 노력해야 합니다.
셋째, 자신의 마음을 솔직하게 표현해야 합니다.

1 이 책의 제목으로 가장 잘 어울리는 것을 고르세요.

① 수메르 벽화의 비밀을 찾아서
② 세대 차이 극복하기, 어렵지 않습니다
③ 버릇없는 우리 아이, 어떻게 해야 할까?

2 세대 차이 문제를 해결하기 위한 조언으로 맞는 것을 고르세요.

① 상대방에게 자신의 의견을 끝까지 말해야 한다.
② 어른들은 아이들의 버릇을 고쳐 주기 위해 야단을 쳐야 한다.
③ 상대방의 생각을 잘 듣고 이해하기 위해 노력하는 것이 중요하다.

고대 ancient times   수메르 점토판 Sumerian clay tablet   버릇이 없다 to have no manners   세대 차이 generation gap
상대방 other person   솔직하다 to be honest   표현하다 to express   극복하다 to overcome

읽기 3 다음은 인터넷 상담 게시판에 올라온 글입니다. 잘 읽고 질문에 답해 보세요.

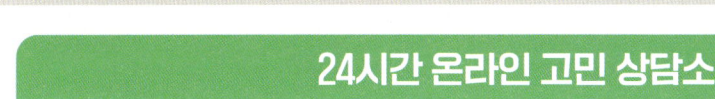

24시간 온라인 고민 상담소

안녕하세요? 저는 평범한 직장인입니다. 현재 책 표지를 디자인하는 회사에 다니고 있습니다. 이 일이 정말 재미있고 보람도 커서 앞으로 제 디자인 회사를 만들 계획입니다. 그런데 요즘 고민이 생겼습니다. 부모님께서 저에게 결혼하라고 심하게 잔소리를 하십니다. 제가 지금은 일에 집중해야 하기 때문에 결혼할 수 없다고 **말씀드렸는데도** 소용이 없습니다. 어떻게 하면 좋을까요?

↳ 하나 부모님과 그 **문제에 대해** 더 많이 대화해 보세요. 가족 간의 대화가 부족하면 오해나 불만이 생기기 쉬워요. 부모님께서 이해해 주실 때까지 꾸준히 노력하는 게 중요해요.

↳ 토모 부모님이 자식을 걱정하는 건 당연한 것 같아요. 우선 **미래에 대한** 계획을 세우세요. 그리고 그 계획을 부모님께 설명해 드리세요. 이렇게 하면 문제를 해결할 수 있을 거예요.

↳ 미소 부모님께 새로운 일에 도전해 보고 싶다고 솔직히 말하세요. 지금은 속상하고 짜증도 나겠지만 언젠가 부모님도 이해해 주실 거예요.

1 게시판에 글을 쓴 사람의 고민은 무엇입니까?

2 사람들이 조언한 내용으로 맞는 것을 고르세요.

① 부모님이 반대하는 일은 하지 않는 게 좋다.
② 앞으로의 일에 대한 계획을 부모님께 잘 이야기해야 한다.
③ 부모님께 빨리 결혼하고 싶은 이유에 대해 잘 설명해 드려야 한다.

💬 다른 사람의 조언을 듣고 고민을 해결한 적이 있습니까?

표지 cover 보람이 크다 to be worthwhile 잔소리를 하다 to nag 집중하다 to concentrate 간 between/among
꾸준히 consistently 당연하다 to be natural 도전하다 to challenge oneself 언젠가 someday

Writing 쓰기 11-2

준비 다음 고민에 대해 조언을 해 보세요.

- 기숙사 룸메이트가 음악을 크게 듣는다.
- 회사 동료가 회의에 항상 늦는다.
- 친구가 거짓말을 자주 한다.

룸메이트에게 불만이 있으면 솔직하게 이야기해 보는 게 어때요? 그래도 문제가 해결되지 않으면 기숙사 조교에게 방을 바꿔 달라고 해 보세요.

다음과 같이 고민을 쓴 후 친구에게 조언을 구해 보세요.

보기

　저는 대학교에 입학하지 않고 빨리 취직해서 여러 가지 일을 해 보고 싶어요. 그런데 부모님은 제가 대학교에 입학해서 공부했으면 좋겠다고 생각하세요. 어떻게 하면 좋을까요?

저는

쓰기 다른 사람이 쓴 고민을 읽고 그 고민에 대해 조언하는 글을 써 보세요.

과제 Task

💬 2~3명이 한 팀이 되어 후회와 고민을 주제로 게임을 해 보세요.

활동지 165쪽

준비 친구와 고민에 대해 이야기한 후 게임판에 고민을 적어 보세요.

시작 🚗		돈 '-고 보니'를 사용해서 문장을 완성하세요.	취직
친구 내가 여러 번 약속을 깜빡해서 친구가 화가 많이 났다. 사과를 했는데도 소용이 없다.	유학		'-을 걸 그랬다'를 사용해서 문장을 완성하세요.
지금 후회하고 있는 일을 말하세요.	노력하는데도 잘 안되는 일을 세 가지 말하세요.		가족
연애	건강		'-는데도'를 사용해서 문장을 완성하세요.
집	공부 실수한 경험을 세 가지 말하세요.		도착 🎉

11-2. 고민과 조언 51

1 동전을 던져서 앞면이 나오면 한 칸, 뒷면이 나오면 두 칸을 이동하세요. 그리고 말을 이동시킨 사람이 게임판 위의 고민을 말하면 다른 사람이 조언을 해 주세요.

저는 돈을 버는데도 항상 생활비가 모자라요.

아니요. 잘 모르겠어요.

혹시 어디에 돈을 많이 사용하는지 알고 있나요?

먼저 월급을 받아서 어디에 가장 많이 쓰고 있는지 확인해 보세요. 지출에 대해 잘 알고 있으면 돈을 절약할 수 있거든요.

2 게임이 끝난 후 가장 기억에 남는 고민과 조언에 대해 발표해 보세요.

'아' 다르고 '어' 다르다?

한국에는 "'아' 다르고 '어' 다르다."라는 속담이 있습니다. 이 속담은 같은 말이라도 표현하는 방법에 따라 다르게 들릴 수 있다는 뜻입니다. 똑같은 이야기도 상대방이 듣기에 좋을 수도 있고 나쁠 수도 있습니다. 그래서 말을 할 때에는 조심해야 합니다. 예를 들어 친구가 늦었을 때 "왜 아직도 안 와?"라고 하는 것보다 "무슨 일 있어?"라고 걱정해 주며 묻는 것이 듣기에 좋습니다. 이렇게 작은 차이 때문에 실수도 하고 서로 오해하는 일도 생깁니다. 여러분도 말실수를 하거나 다른 사람이 하는 말을 오해한 적이 있습니까?

발음 (Pronunciation)

동생 **여권 [여꿘]**이더라고요.

한자어인 '과, 권, 장' 등은 다른 단어 뒤에 결합할 때 경음으로 발음됩니다.

 친구에게 전시회 **초대장**을 받았어요.
이 근처에 **내과**가 있으면 좀 알려 주세요.

자기 평가 (Self-Check)

☐ 실수한 경험이나 후회하는 일에 대해 말할 수 있다.
☐ 자신의 고민을 말하거나 다른 사람의 고민을 듣고 조언해 줄 수 있다.
☐ 다른 사람의 고민에 대해 조언하는 글을 쓸 수 있다.

12 습관의 중요성 Importance of Routines

- **12-1** 습관과 버릇
- **12-2** 계획과 실천

1 어떤 습관을 가지고 있습니까?
2 좋은 습관을 기르기 위해 어떤 노력을 하고 있습니까?

Vocabulary 12-1 습관과 버릇

1 기르고 싶은 습관이 있습니까? 그 습관을 왜 기르고 싶습니까?

습관을 기르다

건강을 돌보다   잠을 충분히 자다   긍정적으로 생각하다   정리를 잘하다

> 저는 일 때문에 바쁘지만 **잠을 충분히 자려고** 노력해요. 일을 잘하려면 **잠을 충분히 자는 습관을 기르는 게** 중요하다고 생각해요.

2 고치고 싶은 버릇이 있습니까? 그 버릇을 왜 고치고 싶습니까?

버릇을 고치다

한숨을 쉬다   머리를 긁다   손톱을 깨물다   다리를 떨다

> 저는 스트레스를 받으면 계속 **한숨을 쉬는** 버릇이 있어요. 그런데 제가 **한숨을 쉬면** 저 때문에 다른 사람들이 불편해하더라고요. 그래서 이 **버릇을 고치고** 싶어요.

습관을 기르다 to set a routine   건강을 돌보다 to take care of one's health   잠을 충분히 자다 to get enough sleep
긍정적으로 생각하다 to think positively   정리를 잘하다 to tidy well   버릇을 고치다 to break a habit
한숨을 쉬다 to sigh   머리를 긁다 to scratch one's head   손톱을 깨물다 to bite one's nail(s)
다리를 떨다 to shake one's leg(s)

준비 1 어렸을 때 선생님이나 부모님께 들은 말에 대해 이야기해 보세요.

가: 선생님이 학생들에게 무엇을 **하게 하셨어요?**
나: 매일 책을 **읽게 하셨어요.**

- 매일 책을 읽으세요.
- 수업 시간에 휴대폰을 보지 마세요.
- ?

가: 어렸을 때 부모님이 **못 하게 한** 일이 있어요?
나: 단 음식을 **먹지 못하게 하셨어요.**

- 태권도를 배워야 돼.
- 단 음식을 먹으면 안 돼.
- ?

준비 2 이루고 싶은 일에 대해 이야기해 보세요.

가: 기르고 싶은 습관이 있어요?
나: 저는 일찍 일어나는 습관을 기르고 싶어요. 그런데 아침잠이 많아서 **아무리** 일찍 **자도** 아침에 항상 늦게 일어나요.
가: 그럼 아침 일찍 일어나서 좋아하는 취미 활동을 해 보세요.

올해 꼭 이루고 싶은 일

1)	**기르고 싶은 습관**	일찍 일어나는 습관을 기르고 싶다	일찍 자다
2)	**고치고 싶은 버릇**	손톱을 깨무는 버릇을 고치고 싶다	많이 노력하다
3)	**잘하고 싶은 것**	한국어를 잘했으면 좋겠다	열심히 연습하다
4)	**노력하고 있는 일**	돈을 모으고 있다	돈을 아끼다

문법과 표현
동-게 하다 ☞ 12쪽
아무리 동형-어도 ☞ 13쪽

아침잠이 많다 to have a tough time waking up

말하기 1

다음은 습관과 버릇에 대한 대화입니다. 고치고 싶은 버릇에 대해 친구와 이야기해 보세요.

1. 남자가 기르고 싶어 하는 습관은 무엇입니까?
2. 여자는 새해에 무엇을 하고 싶다고 했습니까?
3. 여자의 버릇에 대해 남자는 어떤 조언을 했습니까?

자밀라: 벌써 12월이네요. 다니엘 씨, 새해에 꼭 하고 싶은 일이 있어요?

다니엘: 저는 요리를 배워 볼 생각이에요. 건강한 습관을 기르기 위해서 하루에 한 끼는 직접 만들어서 먹으려고요.

자밀라: 그거 좋은 생각이네요. 저는 독서하는 습관을 기르고 싶어서 얼마 전에 독서 동호회에 가입했어요.

다니엘: 우리 둘 다 새해에는 좋은 습관을 길렀으면 좋겠네요. 자밀라 씨, 혹시 고치고 싶은 버릇이 있어요?

자밀라: 네. 저는 긴장될 때 손톱을 깨무는데 아무리 노력해도 고쳐지지 않아요. 새해에는 이 버릇을 꼭 고치고 싶어요.

다니엘: 그렇군요. 제 동생도 손톱을 자주 깨물었는데 그럴 때마다 제가 매니큐어를 바르게 했어요. 자밀라 씨도 한번 해 보세요. 도움이 될 거예요.

자밀라: 고마워요. 앞으로 그렇게 해 볼게요.

기르고 싶은 습관	고치고 싶은 버릇	버릇을 고칠 수 있는 방법
독서하다	긴장이 될 때 손톱을 깨물다	매니큐어를 바르다
저축하다	걱정이 있을 때 다리를 떨다	무릎 사이에 책을 끼우다
매일 운동하다	스트레스를 받을 때 머리를 긁다	조용한 음악을 듣다

끼 counter for meals   매니큐어 manicure

말하기 2 자신의 습관과 버릇에 대해 이야기해 보세요.

1 자신의 습관과 버릇을 정리해 보고 친구와 이야기해 보세요.

좋은 습관
1) _____
2) _____
3) _____

나쁜 버릇
1) _____
2) _____
3) _____

2 고치고 싶은 버릇에 대해 이야기해 보세요.

고치고 싶은 버릇이 있어요?

저는 다리를 떠는 버릇을 고치고 싶어요.

왜 그 버릇을 고치고 싶어요?

친구들이 다리를 떨면 불안해 보인다고 하더라고요. 그런데 아무리 노력해도 잘 고쳐지지 않아요.

제 동생도 자주 다리를 떨었어요. 그럴 때마다 무릎 사이에 책을 끼우게 했어요. 나나 씨도 해 보지 그래요?

고마워요. 앞으로 그렇게 해 볼게요.

준비 고치기 힘든 생활 습관이 있습니까?

저는 아침잠이 많은 편이에요. 그래서 매일 아침 일찍 일어나는 게 정말 힘들어요.

듣기 1 다음 조사 결과를 잘 듣고 질문에 답해 보세요.

1. 무엇에 대한 조사입니까?

2. 조사 결과를 잘 듣고 빈칸에 알맞은 내용을 써 보세요.

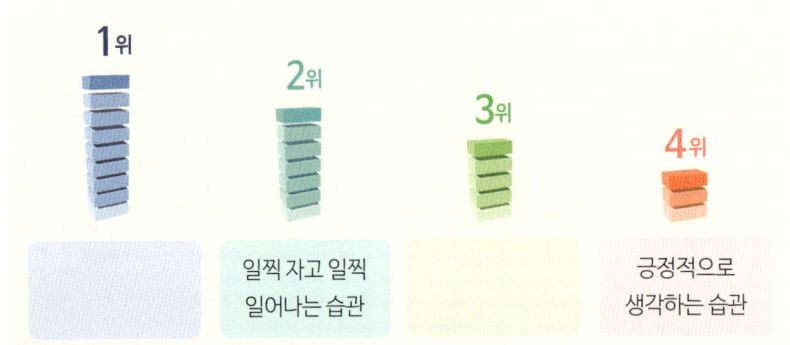

1위:
2위: 일찍 자고 일찍 일어나는 습관
3위:
4위: 긍정적으로 생각하는 습관

듣기 2 다음은 버릇에 대한 대화입니다. 잘 듣고 질문에 답해 보세요.

1. 남자의 버릇으로 맞는 것을 고르세요.

 ①    ②   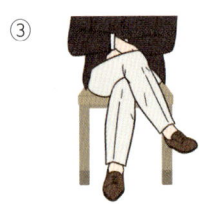 ③

복이 나가다 to lose one's luck

2 **남자의 버릇에 대한 여자의 생각으로 맞는 것을 고르세요.**

① 스트레스를 풀 수 있어서 좋다.
② 건강을 지키는 데에 도움이 된다.
③ 다른 사람을 불편하게 할 수도 있다.

듣기 3 **다음은 면접에 대한 대화입니다. 잘 듣고 질문에 답해 보세요.**

1 **여자가 고쳐야 하는 버릇으로 맞는 것을 고르세요.**

① 한숨을 쉬고 머리를 긁는다.
② 입술을 깨물고 머리를 만진다.
③ 손톱을 깨물고 다리를 꼬고 앉는다.

2 **남자가 전에 읽은 신문 기사의 내용으로 알맞은 것을 고르세요.**

① 70%의 면접관들이 지원자의 나쁜 버릇 때문에 낮은 점수를 줬다고 대답해….

② 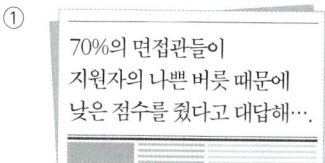 70%의 응답자가 면접 때 긴장하면 나오는 버릇이 있다고 대답해….

③ 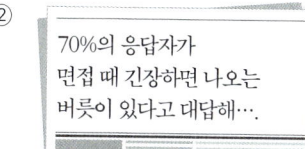 70%의 응답자가 나쁜 버릇을 고치기 힘들다고 대답해….

3 **남자에 대한 설명으로 맞는 것을 고르세요.**

① 내일 면접시험을 볼 것이다.
② 여자에게 면접에 대한 조언을 해 주고 있다.
③ 나쁜 습관 때문에 면접에서 떨어진 적이 있다.

친구들과 이야기해 보세요.

• 친구나 가족의 습관을 알고 있습니까?
• 고향에서 사람들이 안 좋게 생각하는 버릇이 있습니까?

입술 lip(s)   만지다 to touch   면접관 interviewer   지원자 applicant   사소하다 to be minor

계획과 실천

1 이루고 싶은 목표가 있습니까?

마음을 먹다

결심하다

목표를 정하다

저는 올해 한국어능력시험을 보기로 **마음을 먹었어요**.

2 그 목표를 이루기 위해 어떤 노력을 했습니까?

실력을 기르다   실천하다   도전하다   포기하다

한국어 **실력을 기르기** 위해서 매일 아침 한국어 수업을 듣고 있어요.

3 노력한 결과에 대해 이야기해 보세요.

성공하다

실패하다

좋은 결과를 얻다

마음을 먹다 to make up one's mind	결심하다 to decide	목표를 정하다 to set a goal
실력을 기르다 to improve one's ability	실천하다 to put something in action	도전하다 to challenge oneself
포기하다 to give up	성공하다 to succeed	실패하다 to fail
좋은 결과를 얻다 to receive a good result		

Reading 읽기 12-2

준비 올해 이루고 싶은 목표가 있습니까?

그동안 바빠서 건강을 잘 돌보지 못했습니다. 야근을 자주 해서 평일에는 **운동할 생각도 못 했습니다**. 운동을 시작해도 금방 **포기해 버렸습니다**. 그래서 올해 마라톤 대회에 나가기로 결심했습니다. 요즘 매일 아침 달리기를 하고 있습니다. 마라톤 대회에서 좋은 결과를 얻었으면 좋겠습니다.

읽기 1 다음은 계획표에 대한 글입니다. 잘 읽고 질문에 답해 보세요.

고등학교 때 선생님이 반 친구들에게 하루 계획표를 쓰게 하셨어요. 처음에는 하기 싫어서 대충 **써 버렸어요**. 그런데 써 보니까 도움이 많이 되더라고요. 그래서 저는 아무리 바빠도 자기 전에 다음 날의 계획을 세워요. 그게 습관이 돼서 요즘은 계획표를 안 쓰면 하루를 **시작할 생각도 못 해요**.

지금부터 제가 하루 계획표를 어떻게 쓰는지 알려 드릴게요. 먼저 왼쪽에는 그날 할 일을 적어요. 그리고 그 일들을 다시 '꼭 해야 하는 일', '미뤄도 되는 일', '꼭 하지 않아도 되는 일'로 나누어서 정리해요. 이렇게 할 일을 정리하면 계획한 일을 실천하기가 쉬워지기 때문에 좋은 결과를 얻을 수 있어요.

1 잘 읽고 내용과 일치하면 ○, 일치하지 않으면 ✕ 하세요.

1) 부모님이 어렸을 때부터 계획표를 쓰게 하셨다. ( )
2) 사람들에게 계획표 쓰는 방법을 알려 주고 있다. ( )
3) 많이 바쁘면 계획표를 쓰지 않고 다음 날로 미룬다. ( )

2 여러분도 내일 할 일을 '꼭 해야 하는 일'과 '미뤄도 되는 일', '꼭 하지 않아도 되는 일'로 정리해 보세요.

내일 할 일	→	꼭 해야 하는 일	
		미뤄도 되는 일	
		꼭 하지 않아도 되는 일	

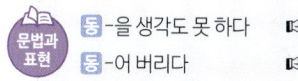

| 동 -을 생각도 못 하다 | ☞ 14쪽 |
| 동 -어 버리다 | ☞ 15쪽 |

목표를 이루다 to achieve a goal   마라톤 marathon   대충 cursorily

읽기 2 다음은 성공한 사람들의 습관에 대한 글입니다. 잘 읽고 질문에 답해 보세요.

성공한 사람들은 어떤 습관을 가지고 있을까? 성공한 사람들의 습관은 서로 달랐지만 대부분 누구나 실천할 수 있는 사소한 것들이었다. 그것을 정리해 보면 다음과 같다.

1. 매일 일기를 쓴다.
2. 하루 계획을 세운다.
3. 혼자만의 시간을 가진다.
4. 건강한 식습관을 기른다.
5. 실패를 두려워하지 않고 무조건 실천한다.

보통 사람들은 습관을 **바꿀 생각도 못 한다**. 그러나 매일 계획을 세우고 하나씩 실천하면 누구나 좋은 습관으로 바꿀 수 있다. 이때 일기를 쓰면 계획을 잘 실천했는지 확인할 수 있어서 좋다. 일기를 쓰지 않으면 자신이 무엇을 잘했고, 못했는지 **잊어버리기** 때문이다. 몸에 좋은 음식을 먹고, 차를 마시거나 산책을 하는 등 혼자만의 시간을 가지는 것도 중요하다. 좋은 습관은 우리의 몸과 마음을 건강하게 만들어 준다. 그리고 하고 싶은 일에 집중할 수 있게 해 준다.

1 이 책을 읽고 잘 실천하고 있는 사람을 고르세요.

① 자기 전에 꼭 일기를 쓴다.
② 퇴근 후 밤늦게 식사를 한다.
③ 친구들과 자주 만나서 시간을 보낸다.

2 이 글의 내용과 일치하는 것을 고르세요.

① 성공하려면 계획을 세우고 실천해야 한다.
② 성공하기 위해서는 실패하는 것을 두려워해야 한다.
③ 성공한 사람들은 누구나 특별한 습관을 가지고 있다.

3 여러분이 생각하는 성공을 위한 습관은 무엇입니까?

식습관 eating routine   두려워하다 to fear

읽기 3 다음은 습관에 대해 쓴 글입니다. 잘 읽고 질문에 답해 보세요.

나는 하루 종일 휴대폰을 보는 습관이 있었다. 수업 시간에도 휴대폰을 보고, 밥을 먹으면서도 휴대폰을 봤다. 그럴 때마다 항상 엄마가 휴대폰을 못 보게 하셨다. 하지만 휴대폰을 보는 게 너무 익숙해져서 그 버릇을 **고칠 생각도 못 했다**. 아침에 일어나서 자기 전까지 계속 휴대폰을 봤다. 이 습관 때문에 눈이 나빠져서 결국 병원까지 다니게 되었다. 그래서 나는 이 버릇을 고치기로 마음먹었다.

먼저 이 버릇을 고치기 위해 하루에 한 시간만 휴대폰을 사용하기로 결심했다. 휴대폰을 한 시간 이상 사용한 날은 휴대폰을 책상 서랍에 넣어 놓았다. 그리고 식사할 때는 휴대폰을 가방에 넣어 두거나 다른 방에 두었다. 휴대폰을 보지 않고 가족들과 대화하면서 식사를 하니까 오히려 더 즐거웠. 자기 전에는 휴대폰 전원을 **꺼 버렸다**. 휴대폰을 보지 않으니까 잠을 더 푹 잘 수 있었다.

위에서 말한 방법들을 처음 실천했을 때는 정말 힘들었다. 하지만 나는 포기하지 않았다. 일주일쯤 지났을 때부터 휴대폰 사용 시간이 줄어들었다. 이 버릇을 고치고 나서 나는 열심히 노력하면 목표를 이룰 수 있다는 것을 알게 되었다.

1 이 글을 쓴 사람에 대한 설명으로 일치하는 것을 고르세요.

① 밤에 휴대폰을 보지 않으면 잠을 잘 못 잔다.
② 지금도 휴대폰을 보는 버릇을 고치지 못했다.
③ 어머니께 휴대폰을 보지 말라는 이야기를 자주 들었다.

2 이 사람이 버릇을 고치기 위해 실천한 방법 세 가지를 정리해 보세요.

휴대폰을 오래 보는 습관을 고치기 위한 방법

1. 휴대폰을 하루에 한 시간만 사용한다.
2. _____.
3. _____.

💬 안 좋은 습관이나 버릇을 고쳐 본 적이 있습니까?

줄어들다 to decrease

준비 고쳐야 하는 습관이나 버릇에는 어떤 것들이 있습니까?

- 다리를 꼬고 앉는 버릇
- 늦잠을 자는 버릇
- 약속 시간에 늦는 버릇
- 야식을 먹는 버릇

다리를 꼬고 앉는 버릇은 고치는 게 좋아요. 허리 건강에 좋지 않거든요.

고치고 싶은 버릇이나 기르고 싶은 습관에 대해 이야기해 보세요.

- 고치거나 기르고 싶은 습관이 있습니까?

- 그 습관을 고치거나 기르고 싶은 이유는 무엇입니까?

- 그 습관을 고치거나 기르기 위해 실천하고 있는 일이 있습니까?

쓰기 고치고 싶은 버릇이나 기르고 싶은 습관에 대해 써 보세요.

야식 late-night snack

💬 목표를 세우고 실천해 보려고 합니다. 실천 목록을 만든 후 일주일 동안 그것을 실천해 보세요.

준비 친구들과 이루고 싶은 목표에 대해 이야기해 보세요.

여행　　취직　　진학

건강　　돈

저는 세계 여러 나라를 여행하고 싶어요.

저는 자동차를 만드는 회사에 취직하고 싶어요.

목록 list

과제

1 같은 목표를 가진 친구들과 모여서 그 목표를 이루기 위한 실천 방법을 이야기해 보세요.

목표	생활비 아끼기
실천 방법	1. 가계부를 쓴다. 2. 가까운 거리는 걸어서 다닌다. 3. 외식을 줄이고 집에서 직접 만들어 먹는다.

> 생활비를 아끼려면 가계부를 써야 해요. 가계부를 쓰지 않으면 어디에 돈을 쓰고 있는지 몰라서 돈을 쉽게 낭비해 버리거든요.

> 외식을 자주 하면 식비를 줄일 생각도 못 해요. 아무리 재료가 비싸도 직접 만들어 먹으면 식비를 줄일 수 있어요.

목표	
실천 방법	1. 2. 3.

2 위의 방법으로 실천 목록을 만들어 일주일 동안 실천해 보세요. 일주일 후에 목표를 이루었는지 스스로 확인해 보세요.

요일	할 일	확인
월요일		☐
화요일		☐
수요일		☐
목요일		☐
금요일		☐
토요일		☐
일요일		☐

옛날이야기 '소가 된 게으름뱅이'

옛날에 아주 게으른 아이가 살고 있었다. 이 아이는 일을 하지 않고 나무 아래에서 낮잠만 잤다. 어머니가 아무리 깨워도 일어나지 않았다. 화가 난 어머니는 아이에게 일을 안 하고 잠만 자면 소가 될 거라고 거짓말을 했다. 이 말을 듣고도 아이는 낮잠 자는 버릇을 고치지 않았다. 어느 날 아이가 낮잠을 자고 일어났는데 소가 되어 있었다. 소가 된 아이는 일이 하도 힘들어서 매일 울었다. 아이는 한참을 울다가 잠에서 깼다. 꿈이었다. 그 후 아이는 어머니 말씀도 잘 듣고 부지런해졌다.

발음 Pronunciation

고치고 싶은 **버릇이 [버르시]** 있어요.

받침 뒤에 모음으로 시작되는 조사나 어미가 오면 받침은 뒤 음절 첫소리로 옮겨 발음됩니다.

예 이 **옷은** 얼마예요?
  너무 비싸니까 좀 **깎아** 주세요.

자기 평가 Self-Check

☐ 자신의 습관과 버릇에 대해 말할 수 있다.
☐ 고치거나 기르고 싶은 습관에 대한 글을 쓸 수 있다.
☐ 목표를 세우고 실천할 수 있다.

13

연애와 결혼 Dating & Marriage

13-1 연애의 조건

13-2 사랑 이야기

1 이상형이 어떻게 됩니까?
2 유명한 사랑 이야기를 알고 있습니까?

연애의 조건

1 그림을 보고 이 사람들이 어떻게 만났는지 이야기해 보세요.

2 어떤 사람을 만나고 싶은지 이야기해 보세요.

어떤 사람과 사귀고 싶어요?

> 저는 이야기를 재미있게 하는 사람이 **매력이 있어** 보여요. 그래서 그런 사람과 사귀고 싶어요.

> 저는 저하고 **조건이 잘 맞는** 사람과 사귀고 싶어요. 서로를 잘 이해할 수 있어서 오래 사귈 수 있을 것 같아요.

어떤 사람과 결혼하고 싶어요?

> 저는 **능력이 있고 말이 잘 통하는** 사람과 결혼하고 싶어요. 그러면 싸우지 않고 잘 지낼 수 있을 것 같아요.

> 저는 **인상이 좋고 마음씨가 착한** 사람과 함께 살고 싶어요. 그리고 저와 **성격이 잘 맞았으면** 좋겠어요. 이런 사람과 결혼하면 행복하게 살 수 있을 것 같아요.

소개팅하다 to go on a blind date	선보다 to go on a blind date (with a prospective marriage partner)	
연애결혼 love marriage	중매결혼 arranged marriage	매력이 있다 to be charming
조건이 맞다 conditions match	능력이 있다 to be capable	말이 잘 통하다 to understand each other very well
인상이 좋다 impression is good	마음씨가 착하다 to be kind-hearted	성격이 잘 맞다 personalities match well

준비 1 앞으로의 계획에 대해 이야기해 보세요.

> 가: 언제 결혼할 계획이에요?
> 나: **결혼하려면 멀었어요**. 아직 취직 준비를 하고 있거든요.

1) 언제 결혼할 거예요?

2) 언제 졸업해요?

3) 언제 집을 살 거예요? 첫 월급!

4) 언제 퇴근해요?

준비 2 첫인상에 대해 이야기해 보세요.

> 가: 은우 씨를 처음 만났을 때 어땠어요?
> 나: 은우 씨가 인상이 좀 **차갑잖아요**. 그래서 처음에는 별로 마음에 들지 않았어요.
> 그런데 만나 보니까 마음씨가 착하더라고요.

경험	첫인상
• 은우 씨를 만나다	• 인상이 차갑다
• 한국어를 배우다	• 한글은 배우기 쉽다
• 김치를 먹다	• 김치가 매워 보이다
• 서울에서 지하철을 타다	• 열차 안이 복잡하다

문법과 표현
동 -으려면 멀었다 ☞ 16쪽
동 형 -잖아(요), 명 이잖아(요) ☞ 17쪽

인상이 차갑다 impression is cold

말하기 1 다음은 만나고 싶은 사람에 대한 대화입니다. 그 사람에 대해 친구와 이야기해 보세요.

1. 여자는 민수와 어떻게 사귀게 되었습니까?
2. 여자는 민수의 첫인상이 어떻다고 했습니까?
3. 여자가 민수를 좋아하게 된 이유는 무엇입니까?

하이: 제니 씨, 민수 씨와 어떻게 사귀게 되었어요?

제니: 친구 소개로 만났어요. 친구가 좋은 사람이 있으니까 만나 보라고 했어요.

하이: 처음 만났을 때부터 민수 씨가 마음에 들었어요?

제니: 아니요. 민수 씨가 인상이 좀 차갑잖아요. 그래서 처음에는 좀 무섭다고 생각했어요.

하이: 그랬군요. 그런데 언제부터 좋아하게 되었어요?

제니: 이야기를 해 보니까 저하고 생각이 잘 통하더라고요. 취미도 비슷하고요. 그래서 사귀게 되었어요.

하이: 정말 부럽네요. 저도 빨리 좋은 사람을 만나고 싶어요. 그런데 제니 씨는 민수 씨하고 결혼할 거예요?

제니: 네. 그러고 싶어요. 그런데 결혼하려면 멀었어요. 졸업도 하고 취직도 해야 하잖아요.

만나게 된 계기	첫인상	사귀게 된 이유
친구의 소개로 만나다	인상이 차가워서 무섭다	생각이 잘 통하다
같은 동아리 선배다	장난이 심해서 예의가 없다	성격이 잘 맞다
회사에서 일하다가 만나다	무뚝뚝해서 나를 싫어하다	매력이 있다

계기 motive   장난 prank   예의가 없다 to be rude   무뚝뚝하다 to be unfriendly

말하기 2 소개하고 싶은 고향 친구가 있습니까? 왜 그 친구를 소개하고 싶은지 이야기해 보세요.

1 그 친구와 어떻게 친해졌습니까?

> 저는 대학교에서 같이 수업을 듣던 친구를 소개하고 싶어요.
> 그 친구와 취미가 비슷해서 금방 친해질 수 있었어요.

2 고향 친구를 소개해 보세요.

- 그 친구와 어디에서 만났어요?
    - 저는 그 친구를 학교에서 처음 만났어요.
- 그 친구와 어떻게 친해졌어요?
    - 같은 수업을 듣다가 우연히 취미가 비슷한 것을 알게 되었어요. 취미가 비슷하면 금방 친해지잖아요.
- 친구의 어떤 점이 좋아요?
    - 제가 좀 조용한 편이잖아요. 그런데 그 친구는 성격이 활발해서 같이 있으면 재미있어요.
- 요즘도 그 친구를 자주 만나요?
    - 제가 유학 중이라 요즘은 자주 못 만나요. 그 친구를 다시 만나려면 멀었어요.

13-1. 연애의 조건

듣기 (Listening) 13-1

준비 결혼할 때 중요하다고 생각하는 것을 이야기해 보세요.

저는 결혼할 사람과 서로 마음이 잘 통해야 한다고 생각해요.

듣기 1 다음은 결혼에 대한 설문 조사 내용입니다. 잘 듣고 질문에 답해 보세요.

1. 요즘 사람들이 결혼을 망설이는 이유는 무엇입니까?

2. 조사 결과로 맞는 것을 고르세요.

   ① 결혼할 생각이 없다는 대답은 50%였다.
   ② 결혼할 때 배우자의 성격이 중요하다는 대답은 80%였다.
   ③ 결혼할 때 배우자의 경제적 능력이 중요하다는 대답은 70%였다.

싣다 to load   결혼 정보 회사 marriage matchmaking company   배우자 spouse   경제적 economic

듣기 2 다음은 결혼에 대한 대화입니다. 잘 듣고 질문에 답해 보세요.

1 결혼에 대한 남자의 생각으로 맞는 것을 고르세요.

① 연애를 충분히 한 후에 결혼하고 싶다.
② 조건이 잘 맞는 사람과 결혼하고 싶다.
③ 부모님이 소개해 준 사람과 만나고 싶다.

2 들은 내용과 일치하는 것을 고르세요.

① 오늘은 두 사람의 기념일이다.
② 남자는 빨리 결혼하고 싶어 한다.
③ 남자의 부모님은 선을 보고 결혼했다.

듣기 3 다음은 연애와 결혼에 대한 대화입니다. 잘 듣고 질문에 답해 보세요.

1 두 사람은 무슨 관계입니까?

2 여자의 중심 생각으로 알맞은 것을 고르세요.

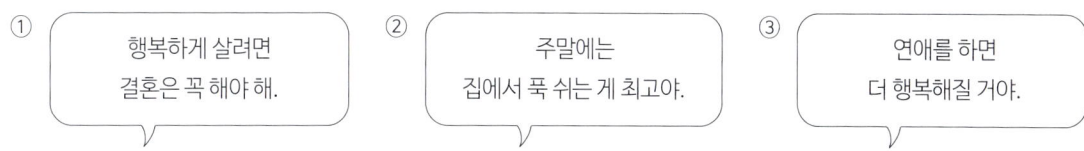

① 행복하게 살려면 결혼은 꼭 해야 해.
② 주말에는 집에서 푹 쉬는 게 최고야.
③ 연애를 하면 더 행복해질 거야.

3 남자에 대한 설명으로 맞는 것을 고르세요.

① 지금까지 연애를 해 본 적이 없다.
② 친구들에게 소개팅을 시켜 달라고 했다.
③ 자신과 잘 맞지 않는 사람과 연애하는 게 피곤하다고 생각한다.

💬 **친구들과 이야기해 보세요.**

• 결혼을 꼭 해야 한다고 생각합니까?
• 중매결혼에 대해 어떻게 생각합니까?

웬 some

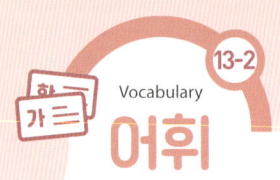

사랑 이야기

1 다음은 연애하는 사람들의 모습입니다. 그림을 보고 이야기해 보세요.

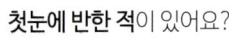

여자는 버스에서 만난 남자를 보고 **첫눈에 반했어요**.

2 연애 경험에 대해 이야기해 보세요.

첫눈에 반한 적이 있어요?

어디에서 청혼하고 싶어요?

사랑이 식었다고 느낀 적이 있어요?

첫눈에 반하다 to fall in love at first sight	얼굴이 빨개지다 face goes red	가슴이 두근거리다 heart pounds	고백하다 to confess
손을 잡다 to hold hands	나란히 앉다 to sit side by side	어깨에 기대다 to lean on the shoulder	
팔짱을 끼다 to link arms	청혼하다 to propose	사랑이 식다 love fades	이별하다 to break up

읽기

준비 사랑에 빠져 본 경험에 대해 이야기해 보세요.

저는 같은 반 친구를 좋아한 적이 있어요. **보면 볼수록** 그 친구가 마음에 들었어요. 하지만 고백하지 못했어요. 친구 사이가 어색해질까 봐 그 친구를 **좋아하지 않는 척했어요**.

읽기 1 다음은 사랑에 대한 웹툰입니다. 잘 읽고 질문에 답해 보세요.

사랑 이야기

웹툰 | 장르: 로맨스 | 작가: 정연

1. 여자는 문자 메시지를 받고 왜 슬퍼했습니까?

2. 잘 읽고 내용과 일치하면 ○, 일치하지 않으면 ✕ 하세요.
   1) 여자는 남자에게 꽃을 주면서 고백했다. ( )
   2) 남자는 오랫동안 여자를 안 좋아하는 척했다. ( )
   3) 여자는 헤어진 남자 친구에게 다시 고백을 받았다. ( )

어색하다 to be awkward   장르 genre   로맨스 romance
남자 친구 boyfriend

문법과 표현 동형-으면 동형-을수록 ☞ 18쪽
동-는 척하다, 형-은 척하다, 명인 척하다 ☞ 19쪽

읽기 2 다음은 연애에 대한 칼럼입니다. 잘 읽고 질문에 답해 보세요.

입에 맞지 않는 음식을 먹으면서 **맛있는 척하고**, 재미없는데 **즐거운 척한** 적이 있으십니까? 분위기가 깨질 것 같아서 하고 싶은 말을 못 한 적이 있으십니까? 연애를 시작한 사람들은 종종 서로에게 좋은 모습만 보여 주고 싶어 합니다. 그래서 많은 사람들이 좋아하는 사람에게 더 잘 보이려고 실제와 다른 모습을 연기합니다.

그러나 이런 행동은 시간이 **지날수록** 서로를 지치게 합니다. 여러분의 진짜 모습을 숨기지 마세요. 그래야 두 사람 모두 행복해집니다. 나의 진짜 모습을 알고도 나를 사랑해 줄 수 있는 사람을 만나야 합니다. 사랑하는 사람의 마음이 식을까 봐 걱정하지 말고 솔직한 모습을 보여 주세요. 우리는 모두 지금 이대로도 충분히 매력이 있으니까요.

1 사랑에 빠진 사람들이 실제와 다른 모습을 연기하는 이유는 무엇입니까?

2 다음 중 누구에게 이 칼럼을 읽어 보게 하고 싶습니까?

① "헤어진 사람이 자꾸 생각나서 새로운 사람을 만나는 게 힘들어요."
② "남자 친구와 같이 있어도 더 이상 가슴이 두근거리지 않아서 고민이에요."
③ "저는 운동을 싫어하는데 여자 친구 앞에서 운동을 좋아하는 척하고 있어요."

3 이 사람은 연애하는 사람들에게 어떤 조언을 하고 있습니까?

① 자신의 실제 모습을 감추지 말고 솔직한 모습을 보여 줘야 한다.
② 연애할 때 자기만 사랑해 주는 사람을 만나야 행복해질 수 있다.
③ 연애를 시작할 때에는 서로에게 좋은 모습만 보여 주는 것이 중요하다.

분위기가 깨지다 mood is ruined   종종 occasionally   실제 true   진짜 real   숨기다 to hide   이대로 as it is
여자 친구 girlfriend

읽기 3 다음은 라디오 청취자 게시판에 올라온 사연입니다. 잘 읽고 질문에 답해 보세요.

안녕하세요? 저는 인천에 사는 김수현이라고 합니다. 여자 친구에게 청혼을 하고 싶어서 사연을 보내게 되었습니다.

우리는 3년 전 한국으로 오는 비행기 안에서 처음 만났습니다. 그녀는 일 때문에 한국에서 살게 됐다고 했습니다. 우리는 서로 취미가 비슷해서 금방 친구가 되었습니다. 저는 **만나면 만날수록** 그녀가 좋아졌습니다. 그녀를 만나면 가슴이 두근거리고 얼굴이 빨개졌습니다. 그렇지만 친구 사이가 어색해질까 봐 **안 좋아하는 척했습니다**. 하지만 저는 그녀가 고향으로 돌아가기 전에 용기를 내서 고백했고 그녀는 제 고백을 받아 주었습니다. 우리는 2년 동안 장거리 연애를 했습니다. 그리고 결혼하기로 약속했습니다.

처음에는 제가 그녀보다 나이도 많이 어리고 외국인이라서 그녀의 부모님이 결혼을 반대하셨습니다. 하지만 포기하지 않고 사랑을 지키는 저희의 모습을 보고 그녀의 부모님도 결혼을 허락해 주셨습니다. 아직 그녀에게 멋진 청혼을 하지 못했습니다. 그래서 이번 기회에 그녀에게 제대로 청혼하고 싶습니다.

"사랑하는 사라 씨, 저와 결혼해 주세요. 사라 씨 곁에서 언제나 든든한 남편이 될게요."

1 남자는 왜 라디오 프로그램에 사연을 보냈습니까?

2 이 청취자의 사연과 일치하는 것을 고르세요.

① 남자는 2년 동안 여자의 고향에서 살았다.
② 남자는 여자와 사귀기 전에 친구 사이였다.
③ 남자는 한국으로 오는 비행기 안에서 여자에게 고백했다.

3 여자의 부모님이 결혼을 반대하신 이유는 무엇입니까?

① 남자가 외국인이라서
② 여자가 아직 학생이라서
③ 남자의 나이가 너무 많아서

💬 **좋아하는 사람이 생기면 어떻게 하겠습니까?**

그녀 she   용기를 내다 to muster up the courage   장거리 연애 long-distance relationship   제대로 properly
반대하다 to oppose   든든하다 to be reassured

Writing 13-2 쓰기

준비 누군가에게 고백해 본 적이 있습니까?

저는 모임에서 만난 사람에게 좋아한다고 고백한 적이 있어요.

좋아하는 친구가 있었는데 제가 유학을 가게 돼서 고백하지 못했어요.

💬 누군가를 좋아해 본 경험에 대해 이야기해 보세요.

- 그 사람을 어떻게 만났어요?

- 그 사람을 왜 좋아하게 되었어요?

- 그 사람과 어떻게 되었어요?

쓰기 누군가를 좋아해 본 경험에 대해 써 보세요.

과제

💬 사랑 이야기를 만들어 보려고 합니다. 친구들과 카드를 뽑아 이야기의 앞부분을 만드세요. 그리고 결말 중 하나를 선택해 나만의 사랑 이야기를 완성해 보세요.

준비 친구들과 유명한 사랑 이야기에 대해 이야기해 보세요.

로미오와 줄리엣 맘마미아 신데렐라

오페라의 유령 ?

> 로미오와 줄리엣은 서로 첫눈에 반했어요. 하지만 두 사람의 가족은 사이가 나빴어요. 그래서 두 사람은 부모님의 반대로….

결말 ending

1 카드를 뽑아 이야기 앞부분의 내용을 만들어 보세요.

활동지 166쪽

1. 그 사람을 어디에서, 어떻게 처음 만났습니까?

2. 그 사람의 어떤 점이 마음에 들었습니까?

3. 그 사람에게 어떻게 고백했습니까?/ 고백을 받았습니까?

2 이야기의 결말을 하나 선택한 후, 사랑 이야기의 뒷부분을 완성해 보세요.

결말 1. 그 사람과 계속 사귀고 있다.	• 어디에서 자주 데이트를 합니까? • 언제 서로를 많이 사랑한다고 느낍니까?
결말 2. 그 사람과 이별했다.	• 왜 헤어졌습니까? • 그 사람과 다시 만나고 싶습니까?
결말 3. 그 사람과 결혼할 것이다.	• 언제 어디에서 결혼할 예정입니까? • 어떻게 청혼을 했습니까?/받았습니까?
결말 4. _____	• •

3 완성한 이야기의 줄거리를 친구들에게 소개해 보세요.

> 저와 민수는 도서관에서 처음 만났습니다. 저는 그때 도서관에서 아르바이트를 하고 있었는데 민수가 책을 빌리러 도서관에 왔습니다. 저는 민수를 보자마자….

한국의 결혼 풍습

함

한국에서는 전통적으로 결혼식을 하기 전에 신랑이 신부에게 선물을 보냅니다. 이때 결혼 선물을 함이라는 상자에 넣어서 보냅니다. 보통 결혼식 일주일 전 신랑의 친구가 함을 메고 신부의 집에 찾아가서 "함 사세요." 하고 큰소리로 말합니다. 신부의 가족들과 친구들이 마중을 나와 미리 준비한 술과 음식을 주고 함을 받습니다.

폐백

폐백은 결혼식이 끝난 후 신랑과 신부가 어른들께 인사를 드리는 일을 말합니다. 인사를 받은 어른들이 행복하게 잘 살라는 의미로 신랑 신부에게 밤과 대추를 던져 줍니다. 전통적으로 신부가 시댁 식구들에게 인사를 하는 자리였지만 최근에는 신부의 부모님께 함께 폐백을 드리기도 합니다.

발음 / Pronunciation

그랬군요.

감탄의 뜻을 나타낼 때는 마지막 음절을 약간 내렸다가 다시 올리면서 좀 더 길게 발음합니다.

예) 미나 씨, 취직했군요. 정말 잘됐네요.
　　이거 정말 비싸구나.

자기 평가 / Self-Check

☐ 사귀고 싶은 사람에 대해 말할 수 있다.
☐ 누군가를 좋아해 본 경험에 대해 쓸 수 있다.
☐ 사랑 이야기를 만들 수 있다.

14 고향의 어제와 오늘 Hometown's Past & Future

- **14-1** 도시와 시골
- **14-2** 현재와 미래

1 도시와 시골 중 어느 곳에서 살고 싶습니까?
2 미래에 여러분의 고향은 어떻게 달라질 것 같습니까?

도시와 시골

❖ 어렸을 때 살았던 곳에 대해 이야기해 보세요.

공기가 좋다

평화롭다

여유가 있다/없다

따분하다

시간 가는 줄 모르다

공해가 심하다

활기차다

편의 시설이 잘되어 있다

볼거리가 다양하다

> 제가 어렸을 때 살았던 곳은 **공기가 좋고 평화로운** 곳이었어요.

> 저는 큰 도시에 살았는데 **편의 시설이 잘되어 있고 볼거리가 다양**했어요.

공기가 좋다 air is fresh 평화롭다 to be peaceful 여유가 있다/없다 to have/not have time to spare
따분하다 to be bored 시간 가는 줄 모르다 time flies so fast 공해가 심하다 air pollution is severe
활기차다 to be vigorous 편의 시설이 잘되어 있다 amenities are very good 볼거리가 다양하다 things to see are plentiful

말하기 Speaking 14-1

준비 1 다음 사진을 보고 과거의 경험에 대해 이야기해 보세요.

> 가: 여기는 어디예요?
> 나: 지난달에 친구와 여행 **갔던** 곳이에요. 노을이 정말 아름다웠어요.

1)

2)

3)

4)

준비 2 인터넷에 올라온 글을 읽고 이야기해 보세요.

> 가: 은퇴 후에 시골로 내려가서 살 계획이에요. 그런데 시골 생활이 불편할까 봐 걱정이에요.
> 나: **불편하지 않을걸요.** 요즘은 시골도 편의 시설이 잘되어 있다고 들었어요.

1. 시골로 내려가서 살 계획인데 시골 생활이 많이 불편할까요?
   ↳ 괜찮을 거예요. 요즘은 시골에도 편의 시설이 잘되어 있다고 하더라고요.

2. 일 년 정도 한국어를 공부했는데 대학교 수업을 들을 수 있을까요?
   ↳ 그럼요. 저도 일 년 정도 공부하고 나서 대학교에 입학했는데 잘 다니고 있어요.

3. 퇴근 시간이 6시인데 8시 비행기를 탈 수 있을까요?
   ↳ 힘들 것 같아요. 퇴근 시간에는 길이 많이 막히니까 더 일찍 출발하는 게 좋아요.

4. 휴대폰을 온라인 쇼핑몰에서 사려고 하는데 배송에 문제가 없을까요?
   ↳ 그럼요. 저도 휴대폰을 인터넷으로 샀는데 배송도 빠르고 편리하더라고요.

| 문법과 표현 | 동형 -었던, 명 이었던 | ☞ 20쪽 |
| | 동형 -을걸(요), 명 일걸(요) | ☞ 21쪽 |

노을 sunset

말하기

말하기 1 다음은 고향의 변화에 대한 대화입니다. 변화의 결과에 대해 친구와 이야기해 보세요.

1. 남자의 고향 집 근처가 어떻게 달라진다고 합니까?
2. 남자가 살고 싶어 하는 곳과 그 이유는 무엇입니까?
3. 여자가 살고 싶어 하는 곳과 그 이유는 무엇입니까?

크리스: 고향 집 근처에 큰 도로가 생긴대요.

마　리: 정말요? 작년에 같이 여행 갔던 곳이지요? 도로가 생기면 교통이 편리해지겠네요.

크리스: 근데 공해가 심해질까 봐 좀 걱정이에요.

마　리: 그래도 도로가 생기면 좋은 점이 더 많을걸요. 교통이 편리해지면 마을에 사람들이 많아져서 훨씬 활기찬 곳으로 변할 거예요.

크리스: 도로가 생기면 지금보다 더 편리해지겠지만 저는 고향의 자연을 지키는 게 더 중요하다고 생각해요.

마　리: 듣고 보니 크리스 씨 말도 이해가 되네요.

크리스: 저는 복잡한 도시보다는 조용하고 평화로운 시골이 좋아요. 그래서 나중에 제 고향에 내려가서 살 계획이에요.

마　리: 저는 시골 생활은 좀 따분할 것 같아요. 은퇴 후에도 지금처럼 활기찬 도시에서 계속 살고 싶어요.

고향의 변화	변화의 결과	걱정
큰 도로가 생기다	교통이 편리해지다	공해가 심해지다
쇼핑센터가 지어지다	생활이 편해지다	차와 사람들로 붐비다
호텔을 짓다	식당이나 카페가 늘다	숲이 사라지다

말하기 2 여러분의 고향이 어떻게 변하면 좋겠습니까?

1 여러분의 고향에 대해 이야기해 보세요.

좋은 점	불편한 점
·	·
·	·
·	·

2 여러분의 고향이 어떻게 변하면 좋을지 이야기해 보세요.

> 여기가 한국에 오기 전에 살았던 곳이에요?

>> 네. 초등학교 때부터 가족들과 여기에서 살았어요.

> 이곳은 어떤 곳이에요?

>> 공기가 맑고 경치도 아름다워요. 그리고 조용하고 평화로운 곳이에요. 마리 씨도 가 보면 틀림없이 마음에 들 걸요.

> 하지만 저는 시골보다는 활기찬 도시에서 사는 게 좋아요. 시골에서 살면 좀 따분할 것 같아요. 편의 시설도 별로 없고요.

>> 그래도 저는 시골 생활이 그리워요. 고향에서는 시간이 날 때마다 공원에서 산책하고 캠핑도 자주 했는데 정말 즐거웠어요.

> 그랬군요. 앞으로 고향이 어떻게 변하면 좋겠어요?

>> 제가 영화를 좋아하는데 근처에 영화관이 없어서 좀 불편해요. 큰 영화관 같은 편의 시설이 더 많이 생기면 좋겠어요.

준비   도시 생활과 시골 생활에 대해 이야기해 보세요.

도시는 교통이 편리해서 어디나 쉽게 갈 수 있어요.

시골은 조용하고 평화로워서 살기 좋아요.

듣기 1   다음은 농촌 학교에 대한 뉴스입니다. 잘 듣고 질문에 답해 보세요.

1 도시 학생들이 농촌 학교로 전학을 오는 이유는 무엇입니까?

① 농사를 짓는 방법을 배우기 위해서
② 자연 속에서 다양한 체험을 할 수 있어서
③ 조용한 곳에서 공부에 집중할 수 있기 때문에

2 농촌 학교에서 할 수 있는 활동으로 맞는 것을 고르세요.

①    ②    ③

농촌 farming village   텃밭 vegetable garden   전학 transfer schools

듣기 2 다음은 변화에 대한 대화입니다. 잘 듣고 질문에 답해 보세요.

1 이곳에 생긴 변화로 맞는 것을 고르세요.

① 동네가 사람들로 붐비고 활기차게 변했다.
② 전에는 동네가 시끄럽고 복잡했는데 조용해졌다.
③ 전에는 공해가 심했는데 공기가 맑고 깨끗해졌다.

2 들은 내용과 일치하는 것을 고르세요.

① 두 사람은 앞으로도 계속 여기에서 살 계획이다.
② 두 사람은 길을 잘못 들어서 우연히 여기에 왔다.
③ 두 사람은 전에도 이곳에 여행을 온 적이 있었다.

듣기 3 다음은 도시 생활과 시골 생활에 대한 대화입니다. 잘 듣고 질문에 답해 보세요.

1 잘 듣고 맞는 것끼리 연결하세요.

1) 시골 생활은 불편하고 따분할 것이다. •
2) 앞으로 조용하고 평화로운 시골에서 살고 싶다. •
3) 젊은 사람들은 시골 생활에 적응하지 못할 것이다. •

• 남자
• 여자

2 들은 내용과 일치하는 것을 고르세요.

① 여자는 공해 때문에 도시 생활을 답답해하고 있다.
② 남자는 전에 회사 일 때문에 지방에서 생활한 적이 있다.
③ 여자는 고향 집에 내려가면 농사를 짓고 정원을 가꾸면서 시간을 보낸다.

💬 **친구들과 이야기해 보세요.**

• 농사를 짓거나 동물을 키워 본 적이 있습니까?
• 지금 살고 있는 곳의 주변 환경이 마음에 듭니까?

길을 잘못 들다 to take the wrong way   전망대 observatory   서핑 surfing   즐길 거리 things to enjoy   진지하다 to be serious
지치다 to be exhausted   젊다 to be young   막상 in reality   가꾸다 to cultivate   일자리 job

현재와 미래

1 변화에 대해 이야기해 보세요.

과거 → 현재

바다가 공원으로 **변했어요**.

낡은 집들이 사라지고 새로운 건물이 **생겼어요**.

2 다음에 대해 친구와 이야기해 보세요.

앞으로 어떻게 변할지 **상상이 되는 것**

미래에 어떻게 달라질지 **상상이 안 되는 것**

미래에 **나타날** 물건

너무 많이 변해서 **몰라본** 장소나 사람

앞으로 더 **발전할** 기술

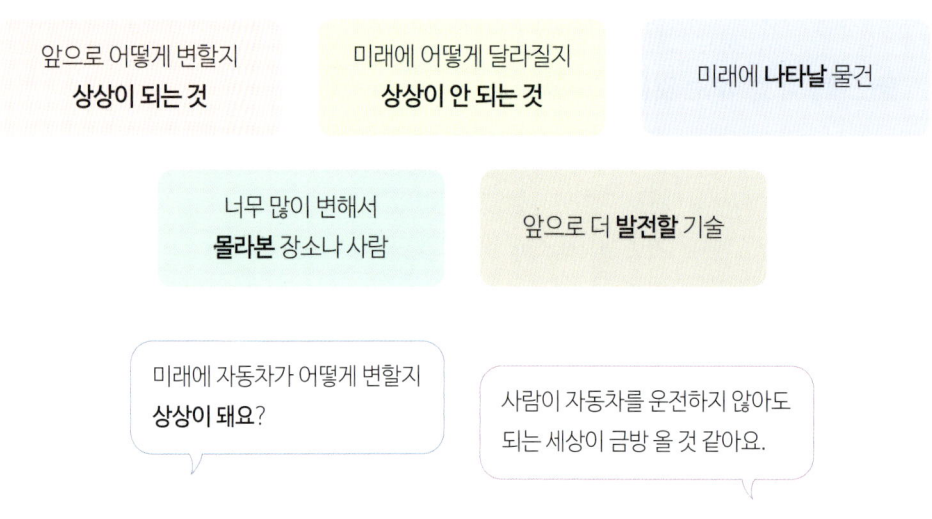

미래에 자동차가 어떻게 변할지 **상상이 돼요**?

사람이 자동차를 운전하지 않아도 되는 세상이 금방 올 것 같아요.

사라지다 to disappear	생기다 to be formed	변하다 to change	몰라보다 to be unrecognizable
나타나다 to appear	발전하다 to develop	새롭다 to be new	낡다 to be old
상상이 되다 to be imaginable	상상이 안 되다 to be unimaginable		

준비 고향이 과거와 비교해서 어떻게 달라졌는지 이야기해 보세요.

얼마 전에 고향에 가 보니까 숲이 사라지고 **빌딩만큼** 높은 공장들이 생겼어요. 공장 때문에 공해가 심해져서 속상해요. 앞으로 깨끗한 공기를 마실 수 있도록 사람들이 **노력하지 않으면 안 된다고** 생각해요.

읽기 1 다음은 인터넷에 올라온 글입니다. 잘 읽고 질문에 답해 보세요.

사라진 논과 밭, **남산만큼** 높은 빌딩들이 생겼습니다. 몰라보게 변한 이곳은 강남입니다.

운동장이 있었던 곳에는 멋진 건물이 생겼습니다. 새롭게 변한 이곳은 동대문입니다.

모든 것이 빠르게 변하는 도시 서울, 우리는 이곳에서 새로운 미래를 **준비하지 않으면 안 됩니다**.

1 이 글은 무엇에 대한 글입니까?

2 이곳에는 어떤 변화가 있었습니까?

강남	
동대문	

문법과 표현: 명 만큼 ☞ 22쪽
동/형 -지 않으면 안 되다 ☞ 23쪽

논 paddy field   밭 field

읽기 2 다음은 한옥에 대한 신문 기사입니다. 잘 읽고 질문에 답해 보세요.

서울의 한 아파트에서 살고 있는 이지현 씨(34세)는 다음 달 한옥으로 이사할 계획이다. 답답한 아파트 생활에 지쳤기 때문이다. 최근 이지현 씨처럼 한옥으로 이사하려는 사람들이 많아지면서 한옥의 인기가 높아지고 있다.

한옥만큼 자연과 잘 어울리는 주택은 없다. 돌과 흙, 나무 등 자연 재료로 지었기 때문이다. 그런데 1970년대부터 서양식 주택이 인기를 끌면서 한옥은 우리 곁에서 점점 사라지게 되었다. 한옥은 춥고 불편하다고 생각해서 많은 사람들이 한옥 대신에 빌라나 아파트에서 살게 되었다.

최근 이런 한옥이 달라졌다. 낡은 한옥을 생활하기 편하게 고친 집들이 생겨났다. 도시에 한옥을 짓는 사람이 늘면서 원래 1층 건물인 한옥을 2층으로 바꾼 새로운 형태의 한옥도 나타났다.

건강하게 살기 위해서 우리는 하늘을 보고 흙냄새를 맡으며 **살지 않으면 안 된다**. 한옥에 살게 된 사람들은 몸도 마음도 전보다 건강해졌다고 말한다. 한국의 아름다움을 느낄 수 있는 한옥의 인기는 앞으로도 계속될 것으로 보인다.

1 이지현 씨가 한옥으로 이사하려고 하는 이유는 무엇입니까?

2 1970년대부터 어떤 집이 사람들의 인기를 끌었습니까?

3 최근 한옥의 변화에 대한 설명으로 일치하는 것을 고르세요.

① 한옥을 살기 편하게 고치는 사람들이 늘고 있다.
② 한옥은 춥고 살기 불편해서 점점 사라지고 있다.
③ 한옥에서 아파트로 이사하는 사람들이 많아졌다.

돌 rock 서양식 western-style 원래 originally 형태 form 맡다 to smell

읽기 3 다음은 마을을 바꾸기 위한 방법에 대한 글입니다. 잘 읽고 질문에 답해 보세요.

우리 마을 바꾸기 아이디어 공모전 최우수상, 김윤아 씨

우리 마을은 예전부터 큰 숲이 있어서 공기가 맑기로 유명했습니다. 하지만 교통이 불편하고 편의 시설도 많이 없었습니다. 그런데 몇 년 전에 한 대학교의 캠퍼스가 들어오면서 마을이 몰라보게 변했습니다. 병원이나 편의점, 스포츠 센터와 같은 시설들이 많이 생기고 큰 쇼핑몰도 지어졌습니다. 도시로 가는 버스 노선이 많아지고 도로도 넓어졌습니다. 하지만 저는 우리 마을이 더 발전했으면 좋겠습니다.

마을이 발전하려면 먼저 지하철이 생겨야 합니다. 출퇴근 시간에 도로가 많이 막히기 때문입니다. 지하철이 생기면 다른 도시로의 이동이 좀 더 편리해질 것입니다. 그리고 다양한 문화생활을 할 수 있으면 좋겠습니다. 편의 시설이 많이 생기기는 했지만 공연장이나 미술관 같이 문화생활을 즐길 수 있는 곳은 아직 부족한 편입니다.

그런데 최근에 도로와 새로운 건물들이 생기면서 숲이 많이 사라졌습니다. 앞으로 마을에 나무를 더 많이 **심지 않으면 안 됩니다**. 저는 우리 마을이 자연을 잘 지키면서 발전했으면 좋겠습니다. 그래서 사람들이 우리 **마을만큼** 좋은 마을은 없다고 이야기하면 좋겠습니다.

1 이 마을은 과거와 어떻게 달라졌습니까?

① 공원이 많아졌다.
② 편의 시설이 많이 생겼다.
③ 지하철 노선이 다양해졌다.

2 이 사람은 마을이 어떻게 변했으면 좋겠다고 생각합니까?

① 공원이 생기고 도시가 한산해지면 좋겠다.
② 편하게 운전할 수 있도록 도로가 넓어졌으면 좋겠다.
③ 마을에서 공연이나 전시회를 볼 수 있었으면 좋겠다.

친구들과 이야기해 보세요.

- 나중에 어떤 집에서 살고 싶습니까?
- 살아 보고 싶은 도시가 있습니까?

공모전 contest   노선 line (bus or subway station)   이동 movement

준비 여러분이 살고 있는 곳이 어떻게 바뀌면 좋겠습니까?

우리 고향의 오래된 건물들이 사라지지 않았으면 좋겠어요.
이 건물들만큼 아름다운 건물은 없다고 생각해요.

고향의 과거와 현재, 미래에 대해 이야기해 보세요.

- 고향의 과거 모습은 어땠습니까?

- 현재 고향의 모습은 어떻습니까?

- 미래에 고향이 어떻게 달라지면 좋겠습니까?

쓰기 고향의 과거와 현재, 미래에 대한 글을 써 보세요.

🗨 도시 생활과 시골 생활의 장점과 단점에 대해 이야기해 보세요.

준비 살고 싶은 곳을 정할 때 무엇을 중요하게 생각합니까?

취업	교육	문화생활
자연환경	편의 시설	?

저는 일자리가 중요하다고 생각해요. 그래서 도시에서 살고 싶어요. 도시에는 큰 회사가 많아서 일할 수 있는 기회가 많잖아요. 그 후에는 돈을 모아서 전망이 좋은 아파트를 살 계획이에요.

과제 (Task)

1 2~3명이 한 팀이 되어 도시 생활과 시골 생활의 장점과 단점에 대해 이야기하고 내용을 정리해 보세요.

	도시	시골
장점	• 교통이 편리하다. • •	• 공기가 맑다. • •
단점	• 공해가 심하다. • •	• 편의 시설이 부족하다. • •

2 도시와 시골 중에서 한 곳을 선택하세요. 그리고 친구들과 선택한 곳에 대해 이야기해 보세요.

> 저는 교통이 편리하고 편의 시설도 잘되어 있는 도시에서 살고 싶어요.

> 도시는 공해도 심하고 복잡하잖아요. 저는 좋은 일자리만 구할 수 있다면 시골에서 살고 싶어요.

> 시골에서는 일자리를 구하기가 힘들걸요? 그리고 교통도 불편하고 놀 거리도 부족해서 따분할 거예요.

> 시골 생활이 따분하다고요? 시골도 도시만큼 할 일이 많아요. 정원도 가꿔야 하고 집도 직접 수리해야 하고요. 오히려 할 일이 많아서 시간 가는 줄 모를걸요.

3 의견을 제일 잘 말한 사람을 뽑아 보세요.

주말농장

최근 건강한 음식에 대한 사람들의 관심이 커지고 있습니다. 그래서 도시에서 살면서 직접 채소를 길러 먹는 사람들이 늘고 있습니다. 건강과 농사에 대한 사람들의 관심이 높아지면서 여러 지역에서는 주말농장을 운영합니다. 주말농장 프로그램에 참가하면 도시 텃밭에서 농사를 지을 수 있는데 도시에서 살면서 자연을 느낄 수 있기 때문에 인기입니다. 또 농사의 소중함을 느끼고 직접 키운 채소를 이웃에 사는 주민과 나눌 수도 있어서 앞으로 도시 농부가 더 많아질 것으로 보입니다.

발음 Pronunciation

도로가 생기면 교통이 **편리해지겠네요 [펼리해지겐네요]**.

'ㄴ'은 'ㄹ'의 앞이나 뒤에서 [ㄹ]로 발음됩니다.

예 신청서에 이름과 **연락처**를 남겨 주세요.
겨울에는 사람들의 **실내** 활동이 늘어난다.

자기 평가 Self-Check

☐ 고향의 변화에 대해 말할 수 있다.
☐ 고향의 과거와 현재, 미래에 대해 쓸 수 있다.
☐ 도시 생활과 시골 생활의 장점과 단점에 대해 이야기할 수 있다.

15

건강한 몸과 마음
Healthy Body & Mind

15-1 튼튼한 몸
15-2 건강한 마음

1 건강을 위해서 무엇을 하고 있습니까?
2 스트레스를 받았을 때 어떻게 풉니까?

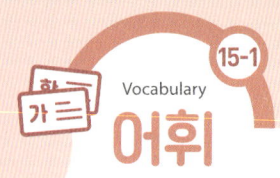

튼튼한 몸

❖ 몸 상태에 대해서 이야기해 보세요.

근육이 생기다

체력이 좋아지다

힘이 세다

몸이 가볍다/무겁다

땀이 나다

힘이 없다

쥐가 나다

어지럽다

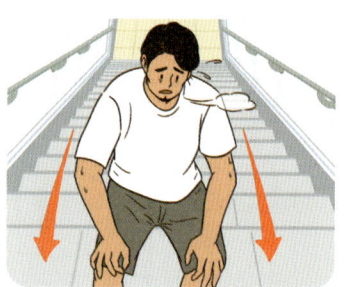
숨이 차다

저는 아침에 달리기를 하고 나면 **몸이 가벼워요**.

저는 요즘 계단을 올라갈 때 **숨이 차요**.

근육이 생기다 muscles are developing	체력이 좋아지다 physical strength gets better	힘이 세다 to be strong
몸이 가볍다/무겁다 body feels light/heavy	땀이 나다 to be sweating	힘이 없다 to have no strength
쥐가 나다 to have a muscle cramp	어지럽다 to be dizzy	숨이 차다 to be out of breath

준비 1 행동의 결과에 대해 이야기해 보세요.

> 가: 요즘 운동을 안 **했더니** 몸이 무거워졌어요.
> 나: 그럼 자기 전에 스트레칭을 해 보세요.
> 가: 네. 그렇게 해 볼게요.

1)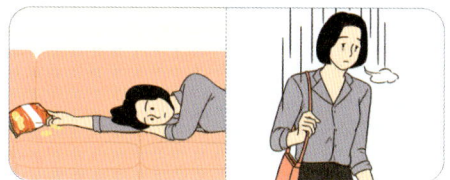

2)

3)

4)

준비 2 친구의 고민을 듣고 조언해 보세요.

> 가: 요즘 조금만 움직여도 숨이 차요.
> 나: 그럼 저녁 먹고 나서 **산책이라도** 하는 게 어때요?
> 가: 네. 그게 좋겠네요.

1) 조금만 움직여도 숨이 차다

2) 배가 고픈데 밥 먹을 시간이 없다

3) 여행을 가고 싶은데 돈이 모자라다

4) 출장 때문에 친구 결혼식에 못 가다

문법과 표현		
동	-었더니	24~25쪽
명	이라도	26쪽

Speaking 말하기

말하기 1 다음은 건강에 대한 대화입니다. 건강을 지키기 위한 방법에 대해 친구와 이야기해 보세요.

1 요즘 여자의 건강은 어떻습니까?
2 여자가 점심시간에 운동하지 않는 이유는 무엇입니까?
3 남자는 왜 운동을 해야겠다고 느꼈습니까?

유진: 요즘 계속 앉아서 일만 했더니 몸이 무거워졌어요.

하이: 그래요? 점심시간에 운동을 하는 게 어때요?

유진: 점심시간에 운동을 하는 건 좀 부담이 돼요. 그때는 쉬고 싶거든요.

하이: 그럼 저녁 먹고 나서 잠깐 산책이라도 해 보지 그래요?

유진: 그래야 하는데 몸이 무거우니까 점점 더 움직이기가 싫어지네요.

하이: 저는 계단을 올라갈 때 자꾸 숨이 차서 최근에 운동을 다시 시작했어요. 오랜만에 운동했더니 근육이 뭉쳐서 좀 아프지만 그래도 운동을 하니까 기분이 좋아요.

유진: 저도 오늘부터 산책이라도 해야겠어요. 꾸준히 하면 체력이 좋아지겠죠?

하이: 그럼요. 건강에 큰 도움이 될 거예요.

몸 상태	조언	운동을 하게 된 이유
몸이 무거워지다	산책을 하다	계단을 올라갈 때 숨이 차다
건강이 나빠지다	스트레칭을 하다	쉽게 지치고 피곤하다
체력이 약해지다	줄넘기를 하다	조금만 움직여도 땀이 나다

부담이 되다 to be a burden   줄넘기 jump rope

말하기 2 건강하게 지내기 위한 방법을 알고 있습니까? 친구들에게 소개해 보세요.

1 몸 상태에 대해 친구와 이야기해 보세요.

	나	친구
몸 상태	• 몸이 무겁고 목과 어깨가 아프다. •	• •
원인	• •	• •
해결 방법	• •	• •

2 건강하게 지내기 위한 방법에 대해 이야기해 보세요.

- 요즘 몸이 무겁고 기운이 없어요.
- 어떡해요. 요즘도 일이 많아요?
- 네. 오랫동안 책상 앞에 앉아서 일했더니 건강이 나빠진 것 같아요.
- 점심을 먹은 후에 회사 근처를 산책해 보는 건 어때요?
- 점심시간에는 편하게 쉬고 싶어요. 동료들과 이야기도 하고요.
- 그럼 쉬는 시간에 스트레칭이라도 해 보세요.
- 네. 노력해 볼게요.

Listening 듣기 15-1

준비 건강에 도움이 되는 습관을 알고 있습니까?

저는 시간이 날 때마다 운동하려고 노력하고 있어요. 운동이 부족하면 체력이 약해지거든요.

저는 아침을 꼭 챙겨 먹으려고 하고 있어요. 규칙적으로 식사를 하면 건강이 좋아지니까요.

듣기 1 다음은 건강에 대한 뉴스입니다. 잘 듣고 질문에 답해 보세요.

1 이 설문 조사의 질문으로 알맞은 것을 고르세요.

① 건강을 위해 어떤 음식을 먹고 있습니까?
② 건강을 지키기 위해서 무엇을 하고 있습니까?
③ 건강관리를 위해 얼마나 자주 운동을 하고 있습니까?

2 잘 듣고 건강에 대한 설문 조사 결과를 써 보세요.

① 1위(67%): _____.

② 2위(51%): _____.

③ 3위(47%): _____.

대도시 metropolis   규칙적 regular   관심이 높다 to have a high interest   평소 ordinary day   홍삼 red ginseng
건강식품 health foods   검사를 받다 to get an exam

듣기 2 다음은 운동에 대한 대화입니다. 잘 듣고 질문에 답해 보세요.

1 **남자의 생각으로 맞는 것을 고르세요.**

① 앱으로 재미있게 건강관리를 할 수 있다.
② 휴대폰을 보면서 운동하는 것은 위험하다.
③ 걷는 것보다 계단을 오르는 것이 건강에 더 좋다.

2 **들은 내용과 일치하는 것을 고르세요.**

① 두 사람은 자주 함께 산책한다.
② 남자는 스포츠 센터에서 운동을 해서 몸이 가벼워졌다.
③ 남자는 여자가 알려준 앱을 이용해서 운동을 하고 있다.

듣기 3 다음은 건강 상담 프로그램입니다. 잘 듣고 질문에 답해 보세요.

1 **여자가 질문한 이유로 알맞은 것을 고르세요.**

① 식습관을 고칠 수 있는 방법을 알고 싶어서
② 운동을 시작한 후 건강이 나빠진 이유를 알고 싶어서
③ 전문가에게서 건강에 좋은 영양제를 추천받고 싶어서

2 **들은 내용과 일치하는 것을 고르세요.**

① 운동할 때는 영양제를 잘 챙겨 먹는 것이 좋다.
② 건강을 위해 운동해야 하지만 잘 쉬는 것도 중요하다.
③ 단백질이 많이 들어 있는 음식을 먹고 운동하면 피곤하지 않다.

친구들과 이야기해 보세요.

• 운동에 도움이 되는 앱을 사용해 본 적이 있습니까?
• 고향 사람들이 건강을 위해 먹는 음식이 있습니까?

앱 app   보 step   단백질 protein   영양제 dietary supplements   골고루 well-balanced

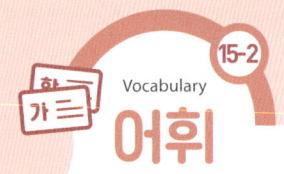

어휘 15-2 건강한 마음

1 스트레스를 푸는 방법에 대해 이야기해 보세요.

> 스트레스가 쌓이면 어떻게 해요?
>
> 어떻게 하면 스트레스가 풀려요?

> 저는 스트레스가 쌓이면 아무것도 하지 않고 잠을 자요.
>
> 저는 친구들과 만나서 맛있는 음식을 먹으면 스트레스가 풀려요.

2 언제 이런 기분을 느꼈는지 이야기해 보세요.

마음이 편안해지다

기운이 나다

마음에 여유가 생기다

집중이 안 되다

우울하다

지치다

어려움을 느끼다

상처를 받다

> 저는 **우울할 때** 친구나 가족과 만나서 이야기하면 **기운이 나요**.

스트레스가 쌓이다 to be stressed out   스트레스가 풀리다 stress is relieved   마음이 편안해지다 to be relaxed
기운이 나다 to have energy   마음에 여유가 생기다 to feel at ease   집중이 안 되다 to be distracted
우울하다 to be depressed   지치다 to be exhausted   어려움을 느끼다 to feel difficulty   상처를 받다 to feel hurt

준비 주변에 스트레스를 받고 있는 사람을 알고 있습니까?

요즘 제 동생이 일을 **하느라고** 잘 쉬지 못해서 스트레스를 많이 받는 것 같아요. "일을 **줄였어야 했어**…." 하고 후회하더라고요. 저는 열심히 일하는 것도 중요하지만 잘 쉬는 게 더 중요한 것 같아요.

읽기 1 스트레스를 얼마나 받고 있는지 알아보는 테스트입니다. 잘 읽고 표시해 보세요.

	그렇다(2점)	가끔 그렇다(1점)	아니다(0점)
1. 요즘 고민을 **하느라고** 잠을 잘 못 잔다.			
2. 입맛이 없어서 굶을 때가 많다.			
3. 공부나 일에 집중이 안 된다.			
4. 사소한 일에도 짜증이 난다.			
5. 쉽게 지치고 힘이 없다.			
6. 사람들에게 불평을 많이 한다.			
7. 물건을 둔 곳이나 약속을 잊어버린다.			
8. 약을 먹는데도 두통이 낫지 않는다.			
9. 최근 우울한 기분을 느낀 적이 있다.			
10. 어떤 일을 한 후에 '**하지 말았어야 했는데**….' 하고 자주 말한다.			

* 0~6점: 스트레스를 거의 받고 있지 않습니다. 지금 상태를 잘 유지하세요.
* 7~12점: 약간 스트레스를 받고 있습니다. 다양한 취미 활동을 하면서 스트레스를 풀어 보세요.
* 13~17점: 스트레스를 받고 있습니다. 운동을 하고 건강에 좋은 음식을 드세요.
* 18점 이상: 스트레스 때문에 몸과 마음이 지친 상태입니다. 건강에 조금 더 신경을 쓰세요.

❖ 친구들과 테스트 결과에 대해 이야기해 보세요.

저는 약간 스트레스를 받고 있대요. 요즘 보고서를 **쓰느라고** 놀지도 못하고 일만 해서 그런 것 같아요. 좀 쉬면서 **했어야 했는데**…. 이번 주말에는 운동도 하고 오랜만에 친구들을 만나서 스트레스를 풀어야겠어요.

읽기 2 다음은 스트레스에 대한 기사입니다. 잘 읽고 질문에 답해 보세요.

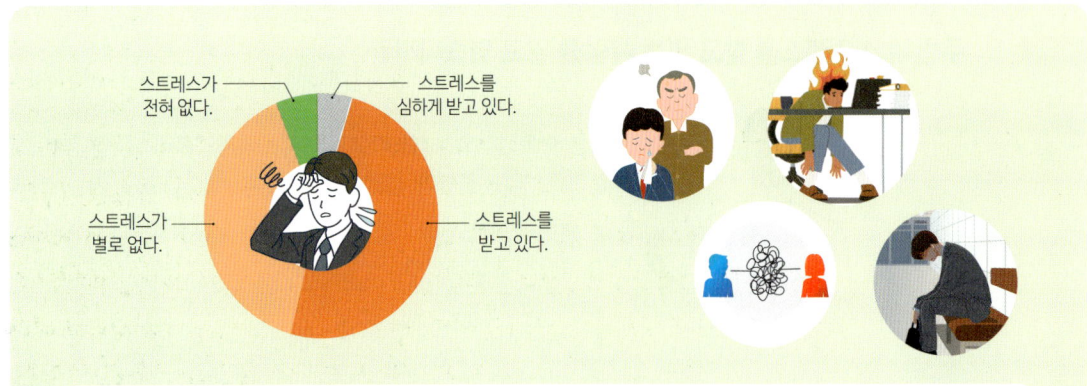

서울에 사는 직장인 100명에게 현재 스트레스를 받고 있는지 물었다. 그 결과 50% 이상이 스트레스를 받고 있다고 응답했다. 스트레스를 받는 이유를 물었더니 업무가 힘들기 때문이라는 대답이 45%로 1위였다. 많은 직장인들이 야근이나 회식 때문에 스트레스를 받고 있었다. 또 지금 하는 일이 아니라 다른 일을 **했어야 했다고** 응답해, 지금 하고 있는 업무에 만족하지 못하는 것을 알 수 있었다. 다음으로 인간관계 때문에 스트레스를 받는다는 대답이 41%로 2위였다. 특히 직장인들은 동료들과의 관계에 어려움을 느낀다고 대답했다. 인간관계에 문제가 생기면 그 문제에 신경을 **쓰느라** 일에 집중이 안 되고 우울해지기 쉽다고 한다. 이럴 경우 회사 업무에도 영향을 받기 때문에 동료와의 관계를 잘 유지하는 것이 중요하다.

1 조사 결과 스트레스를 받고 있는 직장인이 얼마나 됩니까?

2 위의 조사에서 직장인들이 스트레스를 받는 이유로 맞는 것을 고르세요.

① 짧은 휴가
② 업무의 어려움
③ 가족과의 문제

3 이 글의 내용으로 맞는 것을 고르세요.

① 회사 생활에서 동료와의 관계가 중요하다.
② 많은 직장인들은 회식으로 스트레스를 풀고 있었다.
③ 대부분의 직장인들은 지금 하고 있는 일에 만족하고 있었다.

응답하다 to reply   업무 work   회식 company meal   인간관계 human relationship   신경을 쓰다 to focus on

읽기 3 다음은 스트레스를 푸는 방법에 대한 글입니다. 잘 읽고 질문에 답해 보세요.

많은 사람들은 일이 잘 안 풀리면 그렇게 **하지 말았어야 했다**고 후회한다. 그리고 후회하는 데에 시간을 **쓰느라고** 다른 일을 시작할 생각도 못 한다. 나도 자주 후회하고 스트레스를 받는 편이다. 최근에는 스트레스 때문에 건강이 나빠졌다. 그래서 스트레스를 쌓아 두지 말고 바로바로 풀어야겠다고 마음을 먹었다. 주변의 조언을 듣고 스트레스를 푸는 법에 대한 책도 많이 읽었다. 지금부터 스트레스 푸는 방법을 소개하겠다.

스트레스를 풀기 위한 가장 좋은 방법은 잠을 자는 것이다. 어느 날 고민하다가 잠이 들었는데 자고 일어났더니 걱정이 사라지고 마음이 편안해졌다. 그때부터 스트레스를 받으면 잠깐이라도 낮잠을 잔다. 독서도 좋은 방법이다. 책에 집중하면 고민에서 벗어날 수 있다. 운이 좋으면 책 속에서 교훈을 얻을 수도 있다. 그리고 마음이 편안해질 때까지 좋아하는 음악을 듣거나 초콜릿이나 케이크처럼 달콤한 음식을 먹는다. 이렇게 하면 우울한 마음이 금방 사라진다.

'스트레스가 모든 병의 원인'이라는 말이 있다. 스트레스를 받지 않고 사는 것은 불가능하기 때문에 그때그때 스트레스를 푸는 것이 중요하다. 그래야 몸도 마음도 건강해진다.

1 이 글에서 소개한 스트레스 푸는 방법에 대해 써 보세요.

① 낮잠을 잔다.

② _____.

③ _____.

④ _____.

2 이 글의 내용으로 맞는 것을 고르세요.

① 이 사람은 스트레스를 자주 받는 편이다.
② 초콜릿이나 케이크처럼 달콤한 음식은 모든 병의 원인이 된다.
③ 스트레스를 푸는 것보다 스트레스를 받지 않고 사는 것이 더 중요하다.

요즘 스트레스를 받고 있습니까? 그 이유에 대해 이야기해 보세요.

쌓다 to amass   바로바로 immediately   벗어나다 to free oneself from   운이 좋다 to be lucky   교훈 moral
불가능하다 to be impossible   그때그때 at the moment

Writing 쓰기 15-2

준비 여러분이 알고 있는 비법에 대해 이야기해 보세요.

| 스트레스 빨리 푸는 법 | 감기 걸렸을 때 빨리 낫는 법 | 단어 빨리 외우는 법 | 다른 사람과 빨리 친해지는 법 | 더위나 추위를 이기는 법 |

> 저는 스트레스를 빨리 푸는 법을 소개하고 싶습니다. 스트레스 때문에 지쳤을 때 차를 마시고 조용한 음악을 들으면 금방 마음이 편안해집니다.

알고 있는 비법에 대해 이야기해 보세요.

- 친구들에게 소개하고 싶은 비법이 있습니까?

- 그 비법을 어떻게 알게 되었습니까?

- 그 비법을 자세히 소개해 보세요.

쓰기 자기만 알고 있는 비법을 소개하는 글을 써 보세요.

더위 heat   추위 cold

건강하게 지낼 수 있는 방법에 대해 조언해 보세요.

  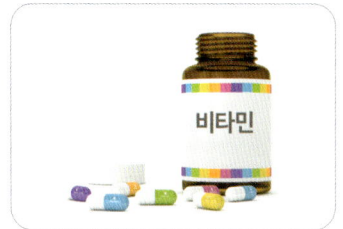

준비 지금 고민하고 있는 건강 문제에 대해 이야기해 보세요.

저는 요즘 잠을 잘 못 자요. 잠을 푹 못 잤더니 낮에도 피곤하고 몸에 힘이 없어요. 그리고….

과제

1 2~3명이 한 팀이 되어 건강에 대한 고민을 이야기해 보세요. 그리고 그 고민들을 종이에 적어 보세요.

〈고민 1〉

저는 요즘 잠을 잘 못 자요.
잠을 못 잤더니 낮에 피곤하고
힘이 없어요.

〈고민 2〉

스포츠 센터에 계속 다녔어야 했는데….
운동을 그만뒀더니 자꾸 살이 쪄요.
운동할 시간이 없는데 어떡하죠?

〈고민 3〉

룸메이트가 고향에 돌아가서
요즘 집에 혼자 있는 시간이 많아요.
외롭고 우울해요.

〈고민 4〉

시험을 못 볼까 봐서 걱정이에요.
시험 걱정하느라고 요즘
밥도 잘 못 먹어요.

2 다른 팀과 종이를 교환하세요. 다른 팀의 고민을 읽은 후 해결 방법에 대해 이야기해 보세요. 그리고 그 고민에 대해 조언하는 글을 써 보세요.

〈고민 1〉   저는 요즘 잠을 잘 못 자요. 잠을 못 잤더니 낮에도 피곤하고 힘이 없어요.

〈조언〉   잠을 자기 전에 마음이 편안해지는 음악을 들어 보세요.

3 조언을 읽고 가장 마음에 드는 내용을 뽑아 보세요.

특별한 날에 먹는 음식

정월 대보름

삼복

동지

한국에는 건강을 생각해서 특별한 음식을 먹는 날이 있습니다. 우선 정월 대보름(음력 1월 15일)에는 다섯 가지 곡식으로 지은 오곡밥을 먹고 부럼을 깹니다. 부럼은 밤이나 호두, 땅콩과 같은 것들을 말합니다. 옛날 사람들은 이렇게 하면 한 해 동안 나쁜 일 없이 건강하게 지낼 수 있다고 믿었습니다. 그리고 더운 여름, 삼복(음력 6월에서 8월)에는 삼계탕을 먹습니다. 더위에 지친 여름에 기운이 나는 음식을 먹고 힘을 내려는 것입니다. 마지막으로 1년 중 밤이 가장 긴 날인 동지(음력 11월 중)에는 팥죽을 먹습니다. 팥에는 나쁜 것이나 병을 막아 준다는 의미가 있어서 이날 팥죽을 먹습니다. 여러분 고향에도 특별한 음식을 먹는 날이 있습니까?

발음
Pronunciation

앉아서 [안자서] 일만 했더니 몸이 무거워졌어요.

겹받침 뒤에 모음이 오는 경우에는 겹받침 중에서 뒤엣것을 뒤에 오는 음절의 첫소리로 옮겨 발음합니다.

예) <u>젊은</u> 사람들도 건강에 신경을 써야 합니다.
이 차는 산 지 오래돼서 <u>값이</u> 많이 떨어졌습니다.

자기 평가
Self-Check

☐ 자신의 몸 상태에 대해 말할 수 있다.
☐ 자기만 알고 있는 비법을 소개하는 글을 쓸 수 있다.
☐ 친구의 고민을 듣고 조언해 줄 수 있다.

16 일과 직업
Work & Occupations

16-1 아르바이트

16-2 일하고 싶은 곳

1 아르바이트를 해 본 적이 있습니까? 그때 무슨 일을 했습니까?
2 어떤 회사에 취직하고 싶습니까?

아르바이트

1 채용 공고를 보고 지원하고 싶은 곳에 대해 이야기해 보세요.

편의점 아르바이트	카페 아르바이트	번역 아르바이트
업무: 물건 정리, 판매 **근무 시간**: 주말 19:00~23:00 **시급**: 12,000원 **연령**: 20세 이상	**업무**: 음료 만들기, 서빙 **근무 시간**: 주말 07:00~13:00 **시급**: 13,000원	**업무**: 영어 번역 **근무 시간**: 평일 14:00~18:00 **시급**: 18,000원

> 저는 요즘 **일자리를 구하고 있어요**. 평일에는 학교에 다녀서 주말에 일하고 싶은데 편의점에서 주말에 일할 수 있다고 해요. 그래서 그곳에 **이력서를 내**려고 해요.

2 여러분은 회사의 사장입니다. 어떤 사람을 직원으로 뽑고 싶습니까?

성실하다

꼼꼼하다

경험이 많다

업무 능력이 뛰어나다

이해가 빠르다

최선을 다하다

> 저는 무슨 일이든지 **성실하게** 하는 사람이면 좋겠습니다. 이런 직원에게는 일을 믿고 맡길 수 있으니까요.

일자리를 구하다 to look for a job
시급 hourly wage
경험이 많다 to have a lot of experience
이해가 빠르다 understanding is fast
이력서를 내다 to submit a resume
연령 age
업무 능력이 뛰어나다 to be extremely capable doing work
최선을 다하다 to do one's best
업무 work
성실하다 to be hard-working
근무 시간 business hours
꼼꼼하다 to be meticulous

말하기 Speaking 16-1

준비 1 그림을 보고 상황을 추측해서 이야기해 보세요.

가: 다니엘 씨가 오늘 양복을 입고 왔네요.
나: 양복을 입은 걸 보니 오늘 아르바이트 면접을 **보는 모양**이네요.
가: 그래요? 꼭 합격했으면 좋겠네요.

1)

2)

3)

4)

준비 2 고민하고 있는 일에 대해 친구와 이야기해 보세요.

가: 아르바이트 면접이 있어요. 꼭 **합격해야 할 텐데** 걱정이에요.
나: 너무 걱정하지 마세요. 열심히 준비했으니까 좋은 결과가 있을 거예요.

1) 아르바이트 면접이 있는데 떨어질까 봐서 걱정이네.

2) 내일 친구들과 캠핑을 가기로 했는데 비가 오면 어떡하지?

3) 꼭 가고 싶은 콘서트가 있는데 인기가 많아서 예매를 못 할 것 같아.

4) 강아지를 잃어버렸는데 찾을 수 있을까?

문법과 표현	동 -는 모양이다, 형 -은 모양이다, 명 인 모양이다	29~30쪽
	동 형 -어야 할 텐데, 명 이어야 할 텐데	31쪽

16-1. 아르바이트

말하기 1 다음은 아르바이트에 대한 대화입니다. 근무 조건과 업무에 대해 친구와 이야기해 보세요.

1 남자가 영화관에 간 이유는 무엇입니까?
2 남자는 영화관에서 일해 본 적이 있습니까?
3 남자는 언제 일하고 싶어 합니까?

면접관: 어떻게 오셨어요?

테 오: 안녕하세요? 저는 테오라고 합니다. 오늘 아르바이트 면접을 보러 왔습니다.

면접관: 어서 오세요. 이쪽으로 앉으세요. 혹시 영화관에서 일해 본 적이 있으신가요?

테 오: 아니요. 없습니다. 하지만 아르바이트 경험이 많아서 무슨 일이나 잘할 수 있습니다.

면접관: 그러시군요. 그런데 우리 영화관에서는 밤늦게까지 근무해야 할 텐데 괜찮으신가요?

테 오: 네. 괜찮습니다. 낮에는 학교에 가야 해서 오히려 늦은 오후나 새벽에 일하는 게 좋습니다.

면접관: 아, 학생이신 모양이네요. 마침 상영관 안내를 도와줄 직원을 찾고 있었는데 잘됐네요. 내일 다시 연락드리겠습니다.

테 오: 네. 알겠습니다. 감사합니다.

아르바이트 장소	근무 조건	업무
영화관	밤늦게까지 근무하다	상영관 안내를 도와주다
편의점	야간에 일하다	물건을 정리하다
카페	새벽에 출근하다	음료를 만들다

상영관 theater

말하기 2 아르바이트에 대해 이야기해 보세요.

1 해 보고 싶은 아르바이트가 있습니까?

2 위의 아르바이트 채용 공고를 보고 면접관과 지원자가 되어 이야기해 보세요.

사무 보조 office assistant   문화비 cultural stipend   지급 payment

준비
아르바이트 면접을 보고 있습니다. 자신의 장점에 대해 이야기해 보세요.

저는 외국어 실력이 뛰어나고 이해가 빠른 편입니다. 그리고 성격이 꼼꼼해서 번역 일을 잘할 수 있습니다.

듣기 1
다음은 아르바이트 앱 광고입니다. 잘 듣고 질문에 답해 보세요.

1 남자에 대한 설명으로 맞는 것을 고르세요.

① 아르바이트를 빨리 구하고 싶어 한다.
② 자기 가게에서 아르바이트할 직원을 찾고 있다.
③ 앱을 사용하여 아르바이트를 쉽게 구한 적이 있다.

2 이 앱에서 할 수 있는 것을 모두 고르세요.

① 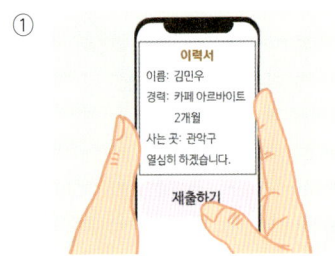 ②  ③

클릭 click   제출하다 to submit   경력 work experience   한눈에 at a glance

듣기 2 다음은 아르바이트에 대한 대화입니다. 잘 듣고 질문에 답해 보세요.

1 남자가 아르바이트를 하려고 하는 이유는 무엇입니까?

2 여자가 지원했던 아르바이트 채용 공고로 맞는 것을 고르세요.

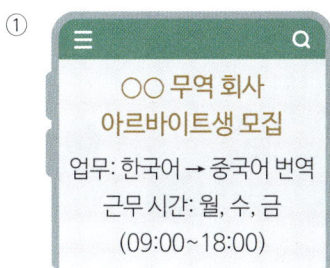 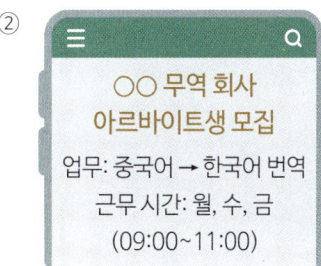 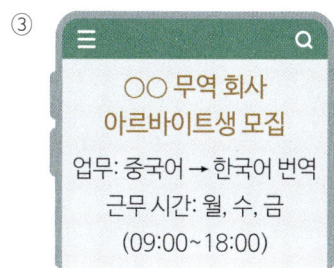

듣기 3 다음은 라디오 방송입니다. 잘 듣고 질문에 답해 보세요.

1 청취자가 질문을 한 이유는 무엇입니까?

2 청취자에 대한 설명으로 맞는 것을 고르세요.

① 다음 주에 면접시험을 볼 예정이다.
② 태도가 나빠서 면접에 떨어진 적이 있다.
③ 면접을 보는 게 처음이라서 긴장하고 있다.

3 여자의 조언으로 알맞은 것을 고르세요.

① 약간의 긴장은 면접에 도움이 된다.
② 면접관을 똑바로 바라보는 태도는 좋지 않다.
③ 면접을 보기 전에 회사에 대한 정보를 잘 알아봐야 한다.

💬 **친구들과 이야기해 보세요.**

- 아르바이트를 어떻게 구합니까?
- 고향에서 학생들이 많이 하는 아르바이트가 있습니까?

무역 trade   앞두다 to lie ahead

16-2 Vocabulary 어휘

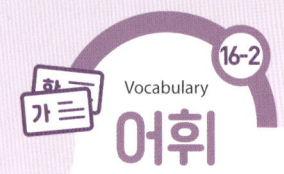

일하고 싶은 곳

❖ **다니고 싶은 회사에 대해 이야기해 보세요.**

대기업 | 중소기업

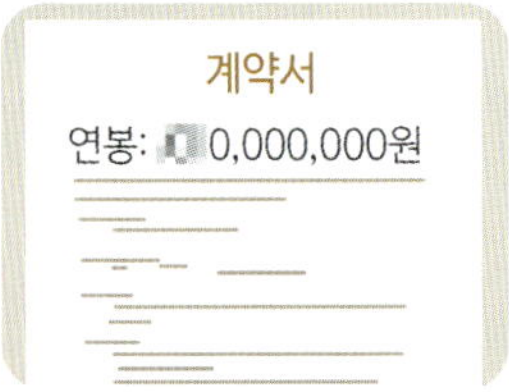

연봉이 높다

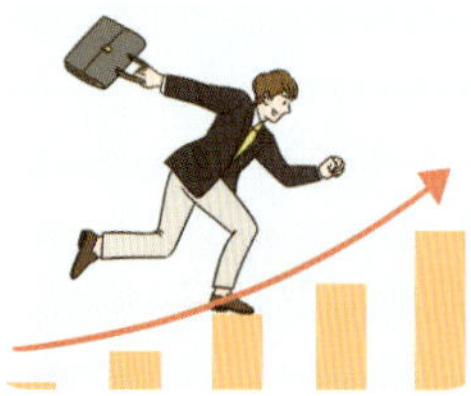

승진 기회가 많다

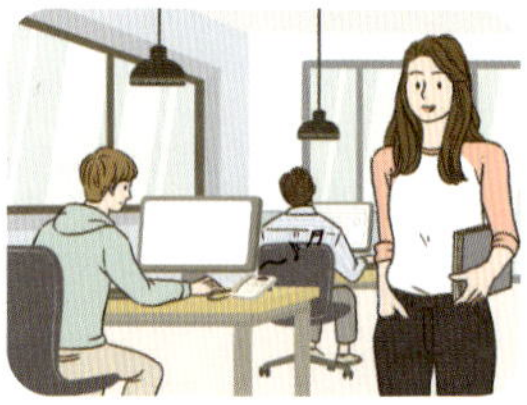

복장이 자유롭다

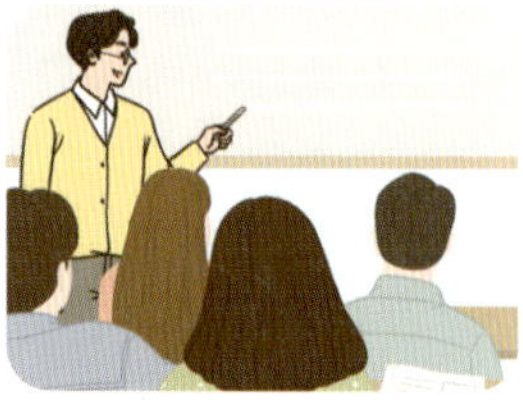

교육 기회가 제공되다

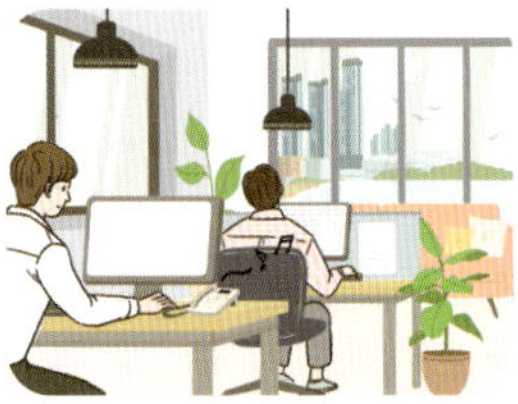

근무 환경이 좋다

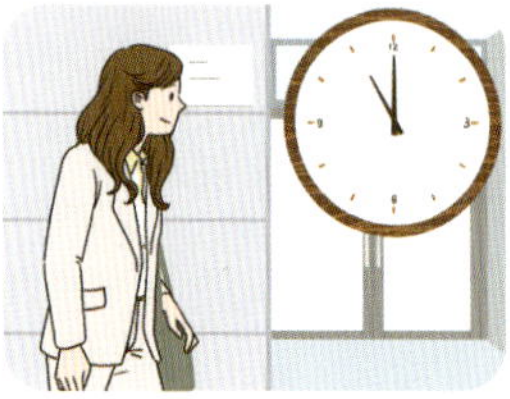

출퇴근 시간이 자유롭다

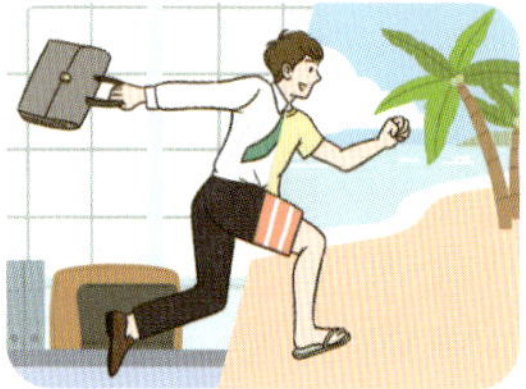

휴가가 길다

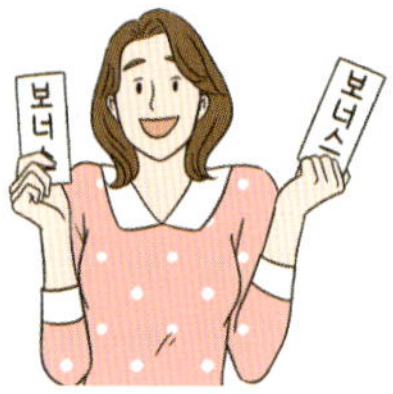

보너스를 받다

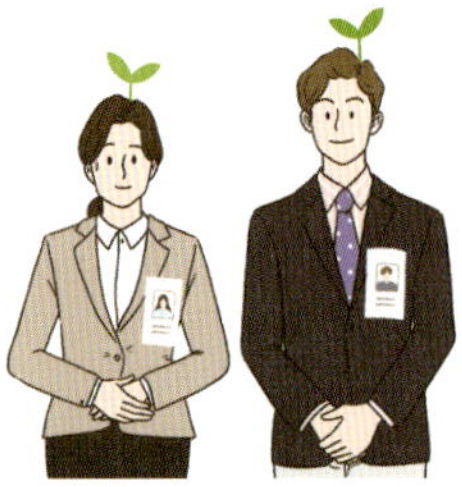

신입 사원

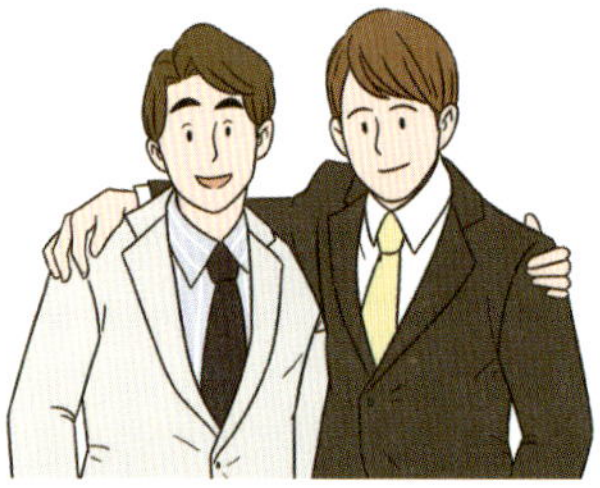

동료

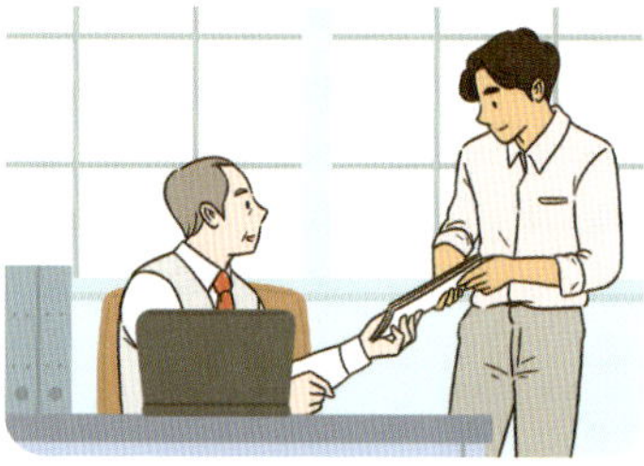

직장 상사

> 저는 **대기업**에서 일해 보고 싶어요. **대기업**에서 근무하면 일을 빨리 배울 수 있고 **근무 환경도 좋다고** 들었어요.

대기업 large company　중소기업 small and midsize company　연봉이 높다 salary is high
승진 기회가 많다 promotion opportunities are plentiful　복장이 자유롭다 to have a free dress code
교육 기회가 제공되다 training is provided　근무 환경이 좋다 to have a good working environment
출퇴근 시간이 자유롭다 to have flexible working hours　휴가가 길다 to have long vacations
보너스를 받다 to receive a bonus　신입 사원 new employee　동료 co-worker　직장 상사 manager

준비 어떤 회사에 다니고 싶은지 이야기해 보세요.

> 저는 만약에 **취직하게 된다면** 출퇴근 시간이 자유로운 곳에서 일하고 싶어요.

> 저는 원할 때 **언제든지** 휴가를 쓸 수 있는 곳에서 일했으면 좋겠어요.

읽기 1 다음은 신입 사원 모집 공고입니다. 잘 읽고 질문에 답하세요.

성공전자에서 신입 사원을 모집합니다.
꿈과 열정이 **있다면 누구에게든지**
합격의 문이 열려 있습니다.

업무	전자 제품 개발 및 연구
지원 방법	홈페이지(www.successnu.co.kr)에서 지원서를 작성하십시오. 서류 제출 ▶ 1차 면접 ▶ 2차 면접
문의	recruit@successnu.co.kr
접수 기간	4월 30일까지

❖ 모집 공고 내용과 일치하면 ○, 일치하지 않으면 ✕ 하세요.

1) 궁금한 것이 있으면 전화로 문의할 수 있다. ( )
2) 홈페이지에 나와 있는 이메일로 지원할 수 있다. ( )
3) 이 회사에 합격하면 전자 제품 연구에 참여할 수 있다. ( )

문법과 표현
동 -는다면, 형 -다면, 명 이라면 ☞ 32쪽
누구든(지), 언제든(지), 어디든(지), 무엇이든(지) ☞ 33쪽

휴가를 쓰다 to use one's vacation 채용 recruitment 전자 electronic 열정 passion 개발 development 연구 research
지원서 application 차 round 작성하다 to fill out

읽기 2 다음은 직장 동료에게 보낸 이메일입니다. 잘 읽고 질문에 답하세요.

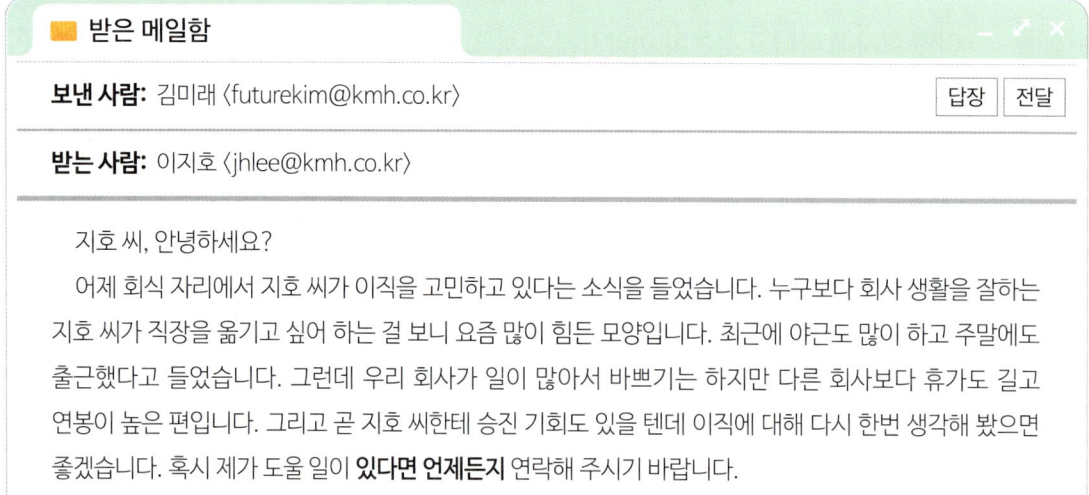

1. 이 사람은 왜 이메일을 썼습니까?

① 회사를 옮기고 싶어서
② 동료의 승진을 돕기 위해서
③ 이직을 고민하는 동료에게 조언을 해 주기 위해서

2. 이메일을 받는 사람이 요즘 힘들어하는 이유는 무엇입니까?

① 업무가 재미없어서
② 회사 일이 너무 많아서
③ 연봉이 마음에 안 들어서

3. 여러분은 이 이메일을 받고 뭐라고 답장을 보내겠습니까?

이직 job transition

읽기 3 다음은 구직 사이트에 올라온 회사 소개 글입니다. 잘 읽고 질문에 답하세요.

성공전자는 30년 동안 최고의 품질과 서비스로 고객들의 사랑을 받고 있는 기업입니다. 성공전자는 직원들이 행복하게 일할 수 있는 회사를 만들기 위해 항상 노력하고 있습니다.

먼저 특별한 출근 제도가 있습니다. 우리 회사는 월요일에 모든 직원이 오후 늦게 출근합니다. 휴일 다음 날 아침에 출근해야 하는 부담이 사라져서 직원들 모두 만족해하고 있습니다. 또 원할 경우 일주일에 이틀은 재택근무를 할 수 있습니다.

그리고 직원을 위한 다양한 프로그램을 제공합니다. 우리 회사는 직원들에게 외국어 교육비와 도서 구입비를 지원해 줍니다. 그리고 전시회나 영화 관람의 날 같은 행사를 열어서 직원들이 문화생활을 즐길 수 있도록 하고 있습니다.

마지막으로 성공전자는 직원들의 몸과 마음의 건강을 중요하게 생각합니다. 우리 회사는 직원들이 **언제든지** 식사할 수 있도록 24시간 식당을 운영하고 있습니다. 그리고 회사에 다니면서 힘들거나 어려운 점이 **있다면 누구든지** 전문가와 상담할 수 있습니다.

1. 누가 쓴 글입니까?

① 이 회사의 직원
② 취직을 준비하는 학생
③ 직업을 소개하는 사람

2. 이 회사에 대한 내용과 일치하는 것을 고르세요.

① 월요일에는 출근하지 않아도 된다.
② 직원들에게 문화생활을 할 수 있는 기회를 제공한다.
③ 직원들의 건강을 위해 24시간 스포츠 센터를 운영하고 있다.

3. 이 회사가 마음에 드는 이유에 대해 이야기해 보세요.

 일주일에 이틀은 집에서 근무할 수 있다고 해서 마음에 들어요.

여러분 고향에서 사람들이 일하고 싶어 하는 회사는 어떤 회사입니까?

구직 employment   제도 policy   재택근무 working from home (WFH)   도서 구입비 book purchase cost   지원하다 to support

준비 직장 생활에서 가장 중요하다고 생각하는 것은 무엇입니까?

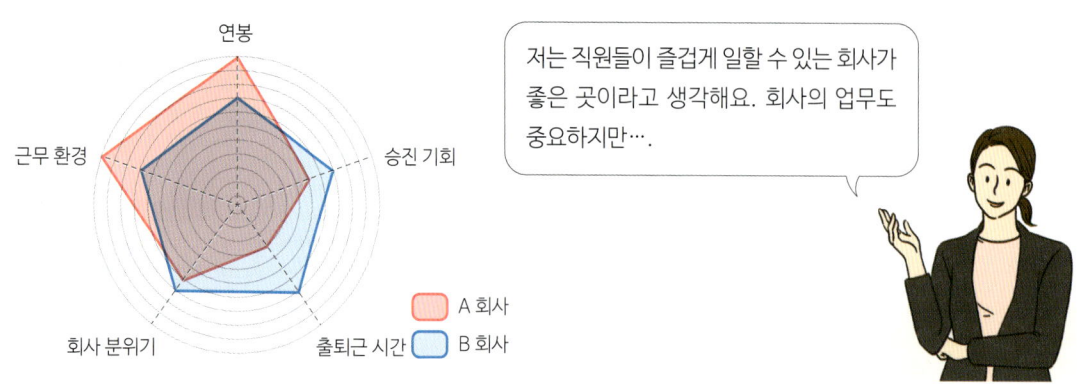

여러분이 다니고 싶은 회사는 어떤 회사인지 이야기해 보세요.

쓰기 여러분이 다니고 싶은 회사에 대해 써 보세요.

🗨 취업 박람회에서 지원하고 싶은 회사를 찾아보세요.

준비 취업 박람회에서 회사 담당자를 만나면 무엇을 물어보고 싶습니까?

근무 시간이 어떻게 됩니까?

1년에 휴가는 며칠입니까?

외국인 기숙사가 있습니까?

업무가 어떻게 됩니까?

연봉은 어떻게 됩니까?

승진 기회가 많습니까?

과제

1 담당자 카드를 완성해 보세요.

활동지 167쪽

담당자 카드	
회사 소개	
1. 회사 이름	즐거운여행사
2. 업무	여행 상품 안내 및 판매
3. 위치	서울시 종로구
근무 조건	
1. 연봉	4,000만 원
2. 근무 시간	09:00~18:00
3. 휴가	1년에 15일
4. 기타	해외에서 공부할 기회를 준다.

2 자신이 원하는 근무 조건을 생각해 보세요. 그리고 취업 박람회에서 여러 회사 담당자들을 만나서 궁금한 점을 물어보세요.

지원자 카드		
중요하게 생각하는 근무 조건이 있습니까?		
☐ 업무 ☐ 연봉 ☐ 근무 시간 ☐ 승진 기회 ☐ 휴가 ☐ 기타		
회사 1	회사 2	회사 3
회사 이름: 즐거운여행사	회사 이름:	회사 이름:
업무: 여행 상품 안내	업무:	업무:
장점: 해외에서 공부할 기회를 준다.	장점:	장점:
단점: 휴가가 적다.	단점:	단점:

3 지원해 보고 싶은 회사와 그 이유를 정리해서 발표해 보세요.

> 저는 '즐거운여행사'가 가장 마음에 들었어요. 여행 상품을 안내하고 판매하는 일을 하는데 해외에서 공부할 기회를 준다고 해서 좋았어요. 그런데….

직장인의 회식 문화

한국의 회사에는 회식 문화가 있습니다. 직장인들은 업무 시간이 끝난 후 모여서 식사를 하거나 술을 마십니다. 편안한 분위기에서 업무에 대한 이야기를 할 수 있고 동료들끼리 서로 친해질 수 있기 때문에 대부분의 회사에서는 회식비를 제공합니다. 그런데 최근 저녁 시간에 하는 회식을 부담스러워하는 직장인들이 늘면서 점심시간을 이용해 맛있는 음식을 먹는 점심 회식을 자주 합니다. 이 외에도 함께 모여 영화나 공연을 보거나 다양한 스포츠를 즐기는 등 직장인의 회식 문화가 다양해지고 있습니다.

발음
Pronunciation

이쪽으로 **앉으세요**.

명령문은 동사의 첫음절을 강하고 높게 발음하고 마지막 음절은 내리면서 짧게 발음합니다. 하지만 부탁의 뜻이 더 강할 때는 끝을 내리지 않거나 약간 올려서 말합니다.

예) 좀 조용히 **하세요**.
창문 좀 **닫아 주세요**.

자기 평가
Self-Check

☐ 어떤 상황을 보고 추측해서 말할 수 있다.
☐ 다니고 싶은 회사에 대한 글을 쓸 수 있다.
☐ 일하고 싶은 곳의 근무 조건에 대해 말할 수 있다.

17

특별한 날 Special Days

17-1 기념일

17-2 소중한 기억

1 한국의 특별한 날을 알고 있습니까?
2 고향에 특별한 기념일이 있습니까?

기념일

1 한국의 기념일에 대해 들어 본 적이 있습니까?

공휴일

기념일

식목일 (4월 5일)

어린이날 (5월 5일)

어버이날 (5월 8일)

스승의 날 (5월 15일)

현충일 (6월 6일)

광복절 (8월 15일)

개천절 (10월 3일)

한글날 (10월 9일)

> 5월 8일이 **어버이날**이라고 들었어요. 우리 고향에도 비슷한 **기념일**이 있어요. 그날 부모님께 꽃을 달아 드려요.

2 기념일에 무엇을 합니까?

국기를 달다

꽃을 달아 드리다

나무를 심다

행사를 하다

공휴일 public holiday 기념일 anniversary 식목일 Arbor Day 어린이날 Children's Day 어버이날 Parents' Day
스승의 날 Teacher's Day 현충일 Memorial Day 광복절 National Liberation Day
개천절 National Foundation Day 한글날 Hangeul Day 국기를 달다 to hang the national flag
꽃을 달아 드리다 to pin a boutonniere 나무를 심다 to plant a tree 행사를 하다 to hold an event

Speaking 17-1

준비 1 그림을 보고 지금 하려고 하는 일에 대해 이야기해 보세요.

> 가: 제니 씨 생일 파티 준비는 다 했어요?
> 나: 그렇지 않아도 케이크를 **주문하려던 참이었어요**. 제니 씨가 좋아하는 딸기 케이크를 사 주려고요.

1) 생일 파티 준비

2) 어버이날 준비

3) 여행 준비

4) 출근 준비

준비 2 기사의 제목을 읽고 추천하고 싶은 것에 대해 이야기해 보세요.

> 가: 조카에게 어린이날 선물을 해 주고 싶은데 뭐가 좋을까요?
> 나: 게임기를 선물해 보세요. 게임기가 아이들에게 **얼마나 인기가 많은지 몰라요**.

1) 어린이날 가장 받고 싶은 선물 1위
게임기

2) 요즘 가장 재미있는 프로그램 1위
'내일은 나도 스타'

3) 외국인들이 좋아하는 한국 음식 1위
삼겹살

4) 부모님 생신 선물 1위
건강식품

문법과 표현	동 -으려던 참이다	34쪽
	얼마나 동 -는지 모르다, 얼마나 형 -은지 모르다	35쪽

Speaking 말하기 17-1

말하기 1 다음은 기념일에 대한 대화입니다. 기념일에 대해 친구와 이야기해 보세요.

1 내일은 무슨 날입니까?
2 남자는 기념일에 부모님께 무엇을 해 드렸습니까?
3 여자는 남자와 무엇을 하려고 합니까?

에릭: 유진아, 뭐 해?

유진: 내일이 어버이날이라서 선물을 사러 나가려던 참이야.

에릭: 어버이날? 그날이 무슨 날인데?

유진: 어버이날은 부모님을 위한 날이야. 이날 부모님께 카네이션을 달아 드리고 선물도 드려.

에릭: 아, 우리 고향에도 비슷한 기념일이 있어. 우리 나라에서도 그날 부모님께 꽃과 선물을 드려. 나는 작년에 부모님께 직접 저녁을 차려 드렸는데 얼마나 기뻐하셨는지 몰라.

유진: 부모님께서 정말 좋아하셨겠다. 나도 어버이날 부모님을 기쁘게 해 드리고 싶은데….

에릭: 혹시 괜찮으면 내가 준비하는 것 좀 도와줄까?

유진: 정말? 고마워.

기념일	기념하는 방법	기념일에 한 일
어버이날	카네이션을 달아 드리고 선물도 드리다	부모님께 직접 저녁을 차려 드리다
어린이날	아이들이 갖고 싶어 하던 선물을 사 주다	조카를 데리고 놀이 공원에 가다
스승의 날	카드와 꽃을 선물하다	선생님을 찾아뵙고 함께 식사를 하다

카네이션 carnation   차리다 to prepare   찾아뵙다 to go visit (honorific expression)

말하기 2   소개하고 싶은 고향의 기념일이 있습니까? 고향의 기념일에 대해 이야기해 보세요.

1 여러분의 고향에는 어떤 기념일이 있습니까?

	우리 고향	친구: 나나
이름		아동절
날짜		6월 1일
의미		아이들을 위한 날
하는 일		다양한 기념행사가 열린다. 아이들에게 선물을 준다.

2 고향의 기념일에 대해 친구와 이야기해 보세요.

- 고향에 어떤 기념일이 있어요?
- 그날이 언제예요?
- 아동절은 어떤 날이에요?
- 그날 무엇을 해요?

- 중국에는 아동절이 있어요.
- 6월 1일이에요.
- 아이들을 위한 날이에요. 아이들이 밝고 건강하게 자라기를 바라는 날이에요.
- 다양한 기념행사가 열리고 아이들에게 선물도 줘요. 아이들이 이날을 얼마나 기다리는지 몰라요.

듣기

준비 기념일에 무엇을 합니까?

| 식목일 (4월 5일) | 어린이날 (5월 5일) | 어버이날 (5월 8일) | 스승의 날 (5월 15일) | 광복절 (8월 15일) | 한글날 (10월 9일) |

우리 고향에는 어린이날이 있습니다. 어린이날에는 아이들을 위한 다양한 행사가 열리는데 행사에 참가한 어린이들에게 선물을 줍니다.

듣기 1 다음은 교내 방송입니다. 잘 듣고 질문에 답해 보세요.

1. 성년의 날 학교에서 학생들을 위해 준비한 것으로 맞는 것을 고르세요.

① 　② 　③

2. 들은 내용과 일치하는 것을 고르세요.

① 성년의 날은 4월 셋째 주 월요일이다.
② 선배들이 후배들을 위해 다양한 행사를 마련했다.
③ 성년의 날 기념행사로 학교에서 특별한 강의를 준비했다.

교내 campus　　성년의 날 Coming of Age Day　　맞이하다 to welcome　　특강 special lecture

듣기 2 두 사람이 기념일에 대해 이야기합니다. 잘 듣고 질문에 답해 보세요.

1 현충일에 대한 설명으로 맞는 것을 고르세요.

① 나라를 세운 것을 기념하기 위해 만들어진 날이다.
② 나라를 지키는 군인들을 응원하기 위해 만들어진 날이다.
③ 나라를 위해 싸우다가 돌아가신 분들을 잊지 않기 위해 만들어진 날이다.

2 들은 내용과 일치하는 것을 모두 고르세요.

① 현충일에는 집집마다 국기를 단다.
② 한국에서는 현충일에 거리에서 퍼레이드를 한다.
③ 남자의 고향에도 현충일과 비슷한 기념일이 있다.

듣기 3 두 사람이 대회 참가에 대해 대화하고 있습니다. 잘 듣고 질문에 답해 보세요.

1 한글날은 무엇을 기념하기 위한 날입니까?

2 두 사람이 참가하려고 하는 대회로 맞는 것을 고르세요.

①  ②  ③

3 한글날에 열리는 행사로 맞는 것을 고르세요.

① 한글에 대한 전시가 열린다.
② 한국어 말하기 대회가 열린다.
③ 한글 예쁘게 쓰기 대회가 열린다.

💬 **친구들과 이야기해 보세요.**

- 고향에서 성년이 되면 무엇을 할 수 있습니까?
- 기다려지는 기념일이 있습니까?

집집마다 every house 묵념을 하다 to have a moment of silence 메모리얼 데이 Memorial Day 퍼레이드 parade 글짓기 writing
우수성 excellence 주제 theme

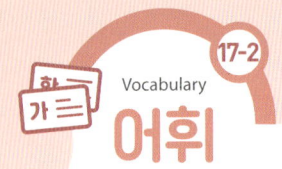

소중한 기억

1 기억에 남는 특별한 날이 있습니까?

좋은 추억으로 남다

소감을 말하다

수상을 축하하다

마음을 표현하다

> 요리 대회에서 대상을 받은 경험이 **좋은 추억으로 남았어요.**

2 다른 사람에게 힘이 되어 주거나 다른 사람 덕분에 힘이 난 적이 있습니까?

기념하다

바라다

응원하다

격려하다

위로하다

> 처음 한국어를 배울 때 정말 힘들었어요. 그때 한국 친구들이 힘내라고 **격려해** 줘서 한국어 공부를 포기하지 않을 수 있었어요.

좋은 추억으로 남다 to remain as a good memory 소감을 말하다 to give an acceptance speech
수상을 축하하다 to congratulate someone on receiving an award 마음을 표현하다 to express one's heart
기념하다 to commemorate 바라다 to wish 응원하다 to cheer 격려하다 to encourage 위로하다 to console

읽기

준비 축하해 주고 싶은 일에 대해 이야기해 보세요.

수진 씨가 다음 달에 결혼한대요. 그래서 이번 주말에 축하 파티를 열 예정이래요.

수진 씨가 **결혼하다니요**. 정말 잘됐네요. 저도 꼭 참석해서 축하해 주고 싶은데 이번 주말에는 출장을 가야 해요. 파티에 **못 가는 대신** 선물이라도 보내 줘야겠어요.

읽기 1 다음은 모바일 청첩장과 축하 메시지입니다. 잘 읽고 질문에 답해 보세요.

우리 결혼합니다

일시 2월 14일(토) 오후 1시
장소 행복예식장

두 사람에게 결혼 축하 메시지를 남겨 주세요.

↳ 지영: 두 사람이 사귀게 되었다고 한 게 엊그제 같은데 벌써 결혼을 **하다니** 정말 축하해. 두 사람이 영원히 행복하기를 바랄게.

↳ 김 선생님: 소개팅에서 이상형을 만났다고 좋아하던 로버트 씨의 모습이 아직도 생생하네요. 결혼식에 참석 못 해서 아쉬워요. **참석 못 하는 대신에** 선물을 보냈는데 마음에 들었으면 좋겠네요. 결혼을 진심으로 축하합니다.

↳ 진우: 내 동생 진아를 잘 부탁해. 앞으로 진아 곁에서 항상 진아를 행복하게 해 줘.

1 위 메시지는 누구를 축하하기 위해 쓴 글입니까?

2 잘 읽고 내용과 일치하면 ○, 일치하지 않으면 ✕ 하세요.

1) 두 사람은 소개팅에서 처음 만났다. ( )
2) 두 사람의 결혼식에 김 선생님이 참석하기로 했다. ( )
3) 로버트는 처음 만났을 때 진아가 마음에 들지 않았다. ( )

문법과 표현
동/형 -다니(요), 명 이라니(요) ☞ 36쪽
동 -는 대신(에), 형 -은 대신(에) ☞ 37쪽

엊그제 few days ago   생생하다 to be vivid

읽기 2 다음은 한국의 특별한 날에 대한 소개 글입니다. 잘 읽고 질문에 답해 보세요.

[외국인을 위한 한국 문화, 여름호]

한국의 특별한 날 〈수능 보는 날〉

ⓒ연합뉴스

    한국에서는 대학수학능력시험을 줄여서 수능이라고 부른다. 이 시험은 매년 11월에 보는데 대학교에 입학하기 위해서 보는 중요한 시험이다. 그래서 이날 많은 사람들이 시험을 보는 학생들을 배려해 준다.
    먼저 직장인들은 길이 막히지 않도록 한 시간 정도 늦게 출근한다. 그리고 듣기 시험을 보는 동안에는 학생들이 집중할 수 있도록 비행기 운항도 멈춘다. '시험 때문에 비행기가 안 **뜨다니**!' 하고 놀라는 사람들도 있을 것이다. 이렇게 사람들의 일상이 바뀔 만큼 한국에서 이날은 특별한 날이다.
    시험을 보기 전에는 시험에 꼭 붙으라고 수험생에게 찹쌀떡이나 엿을 선물한다. 그런데 요즘에는 찹쌀떡이나 엿을 **주는 대신에** 정답을 잘 찍으라고 포크를 선물하는 사람들도 있다. 그리고 시험 당일 아침에는 시험장 앞에서 후배들이 시험 보는 선배들을 응원한다. 시험은 거의 하루 종일 진행되는데 시험이 끝나면 수능을 본 학생들은 영화관, 미용실, 놀이공원 등에서 다양한 할인을 받을 수 있다.

1 수능 시험은 어떤 시험입니까?

① 고등학생들이 보는 듣기 시험이다.
② 대학교에 입학하기 위해 보는 시험이다.
③ 직장인들이 매년 11월에 보는 시험이다.

2 수능 시험 날 사람들의 생활은 어떻게 달라집니까?

3 시험을 보는 학생들은 어떤 선물을 받습니까?

배려하다 to be considerate   운항 flight   비행기가 뜨다 airplane takes off   일상 everyday life   시험에 붙다 to pass the test
수험생 examinee   찹쌀떡 sticky rice cake   엿 Korean taffy   정답을 찍다 to guess the correct answer

읽기 3 다음은 선생님께 쓴 이메일입니다. 잘 읽고 질문에 답해 보세요.

받는 사람: 이하나(hnlee@ksu.ac.kr) [답장] [전달]

제목: 이하나 선생님께

선생님, 안녕하세요?

카이입니다. 잘 지내고 계시지요? 기쁜 소식이 있어서 연락을 드리게 되었습니다.

전화를 드리고 싶었지만 늦은 시간이라서 **전화하는 대신에** 이렇게 이메일을 씁니다. 제가 오늘 한글날 기념 말하기 대회에서 대상을 받았습니다. 제가 1등을 **하다니** 아직도 믿어지지 않습니다. 저보다 한국어를 잘하는 친구들이 많아서 제가 상을 받을 줄 몰랐는데 상을 받게 되어 얼마나 기쁜지 모릅니다.

사실 3급을 수료하고 나서 고향으로 돌아왔을 때 계속 한국어를 공부하는 것이 어려울 거라고 생각했습니다. 그런데 선생님께서 계속 응원해 주시고 격려해 주신 덕분에 포기하지 않고 꾸준히 공부할 수 있었습니다. 정말 감사합니다.

오늘 상을 받자마자 선생님의 얼굴이 떠올랐습니다. 제가 한국에 있다면 바로 선생님을 찾아뵀을 텐데 아쉽습니다. 앞으로 더 열심히 한국어를 배우겠습니다. 그리고 선생님의 따뜻한 마음을 영원히 잊지 않겠습니다. 혹시 제 고향에 오실 계획이 있으시면 꼭 알려 주세요. 저도 선생님의 은혜에 보답하고 싶습니다.

요즘 한국의 날씨가 많이 쌀쌀해졌다고 들었습니다. 항상 건강하시기를 바랍니다.

카이 올림

---

1 카이가 이메일을 쓴 이유는 무엇입니까?

① 한글날 기념행사 소식을 알리려고
② 선생님을 자기 고향에 초대하려고
③ 선생님께 감사하는 마음을 표현하려고

2 카이에 대한 설명으로 맞는 것은 무엇입니까?

① 한글날 글짓기 대회에서 상을 받았다.
② 귀국하게 돼서 한국어 공부를 그만두었다.
③ 대회에서 상을 받지 못할 거라고 생각했다.

3 여러분도 대회에서 상을 받은 적이 있습니까?

 감사의 편지를 쓴 적이 있습니까? 누구에게, 왜 보냈습니까?

얼굴이 떠오르다 face comes to one's mind   영원히 forever   은혜에 보답하다 to return a favor

Writing 쓰기 17-2

준비 특별한 날에 카드를 써서 보내고 싶은 사람이 있습니까?

부모님	친구	선생님
늘 믿어 주고 응원해 주다	힘들 때 위로해 주다	항상 격려해 주고 도와주다

> 부모님은 제가 무슨 일을 하든지 잘할 수 있을 거라고 저를 응원해 주시고 믿어 주세요. 그래서 이번 어버이날에는 부모님께 카드를 써서 감사의 마음을 전하고 싶어요.

카드를 보낼 때 어떤 내용이 들어가면 좋을지 이야기해 보세요.

- 첫인사

- 카드를 쓰는 이유

- 끝인사

쓰기 마음을 표현하는 카드를 써 보세요.

과제

🗨 기억하고 싶은 특별한 날을 기념일로 만들려고 합니다. 자기만의 기념일을 만들고 기념 행사를 계획해 보세요.

준비 특별히 기념하고 싶은 날이 있습니까?

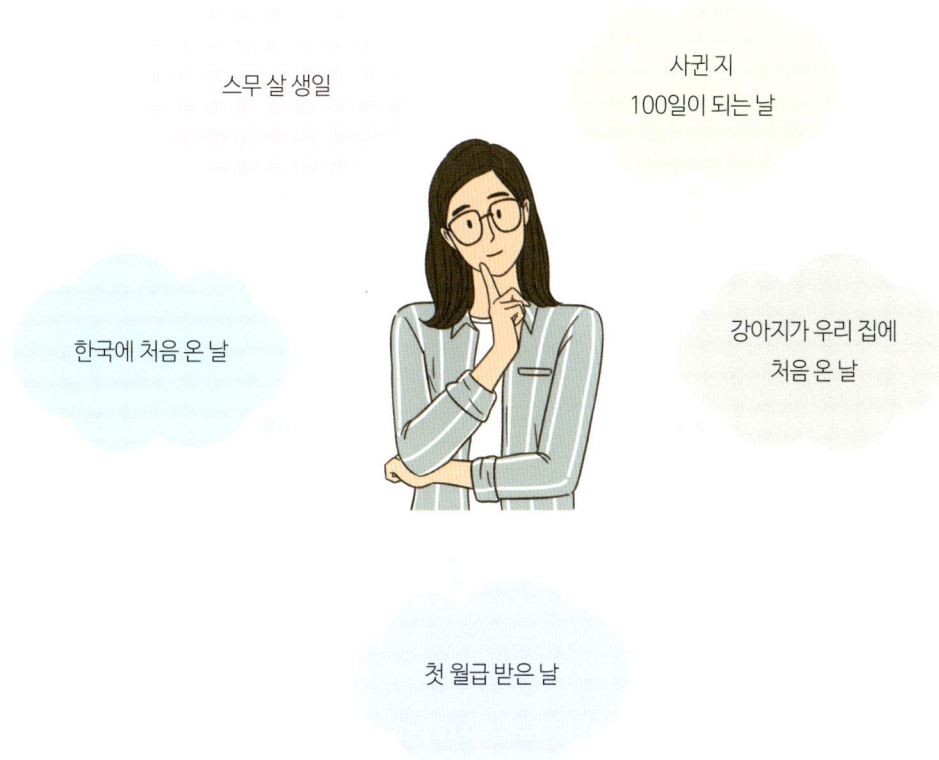

스무 살 생일

사귄 지 100일이 되는 날

한국에 처음 온 날

강아지가 우리 집에 처음 온 날

첫 월급 받은 날

1 기념하고 싶은 날에 대해 이야기해 보세요.

> 저는 한국에 처음 왔던 날을 기념하고 싶어요. 그날 얼마나 즐거웠는지 몰라요.

> 저는 여자 친구를 만난 지 1년이 되는 날을 기념하고 싶어요. 벌써 1년이 되다니 믿어지지 않아요. 그날 선물을 준비해서 여자 친구를 깜짝 놀라게 해 줄 거예요.

2 만들고 싶은 기념일을 어떻게 보내면 좋을지 계획을 세우고 발표해 보세요.

만들고 싶은 기념일	
1. 어떤 날을 기념하고 싶어요?	여자 친구와 처음 만난 날을 기념하고 싶어요.
2. 그 기념일이 언제예요?	11월 24일
3. 그날을 왜 기념하려고 해요?	여자 친구와 좋은 추억을 남기고 싶어요.
4. 그날 무엇을 할 거예요?	여자 친구를 위해서 깜짝 파티를 열어 줄 계획이에요. • 일시: 11월 24일 • 장소: 바다가 보이는 카페 • 준비물: 꽃다발, 케이크, 직접 만든 영상

만들고 싶은 기념일	
1. 어떤 날을 기념하고 싶어요?	
2. 그 기념일이 언제예요?	
3. 그날을 왜 기념하려고 해요?	
4. 그날 무엇을 할 거예요?	• 일시: • 장소: • 준비물:

3 기념일에 대한 소개를 듣고 함께 기념해 주고 싶은 날을 뽑아 보세요.

한글날

©연합뉴스

10월 9일은 한글날입니다. 한글날은 세종대왕이 훈민정음을 만들어 세상에 알린 것을 기념하고, 한글의 우수성을 알리기 위해 만들어진 날입니다. 한글날에는 사람들에게 한글을 사랑하는 마음을 심어 주고 국내외에 한글을 알리기 위한 기념행사가 곳곳에서 열립니다. 한글날에는 전국적으로 기념식이 열립니다. 그리고 한글을 주제로 하는 강연과 공연도 볼 수 있습니다. 그리고 외국인을 대상으로 하는 한국어 말하기 대회와 한글 엽서 전시회, 서예와 같은 다양한 행사가 진행됩니다.

발음 Pronunciation

끊어 말하기

의미 단위를 고려하여 같은 내용을 구성하는 단어는 붙여서 말하고, 서로 다른 내용을 나타내는 말들은 끊어서 읽습니다.

예) 벌써 3급 공부가 끝나다니/믿어지지 않습니다. 처음 한국에 왔을 때/한국어가 서툴러서/정말 힘들었습니다. 그때/한국어 선생님이 격려해 주시고/친구들이 위로해 준 덕분에/한국 생활에 적응할 수 있었습니다. 처음 먹어 보는 한국 음식이 낯설어서 힘들었는데/지금은 익숙해졌습니다. 한국 음식이 얼마나 맛있는지 모릅니다. 수업 후에 친구들과 함께 갔던/명동, 강남역, 한강공원 등은 잊지 못할 겁니다. 저는 다음 주에 고향으로 돌아갑니다. 고향에 가서도/오랫동안 한국이 그리울 것 같습니다.

자기 평가 Self-Check

☐ 고향의 기념일을 소개할 수 있다.
☐ 마음을 표현하는 글을 쓸 수 있다.
☐ 특별한 날을 기념하는 행사를 계획할 수 있다.

18 연극 Play

18-1 흥부와 놀부

1 알고 있는 옛날이야기가 있습니까?
2 좋아하는 연극이 있습니까?

흥부와 놀부

1 연극을 해 본 적이 있습니까?

 고등학교 때 **연극** 동아리 활동을 했어요. 그때 **대본**도 쓰고 **무대**에서 공연도 했어요.

2 다음 그림을 보고 옛날이야기를 만들어 보세요.

옛날에 **욕심이 많은** 놀부가 살았습니다. 어느 날 놀부는….

무대 stage   대본 script   대사 line   관객 audience   제비 swallow   박 gourd   톱 saw   보물 treasure
도깨비 goblin   욕심이 많다 to be greedy   동생을 내쫓다 to kick a younger sibling out   다리를 부러뜨리다 to break a leg
헝겊으로 묶다 to tie with a cloth   박이 열리다 gourd grows   톱질을 하다 to saw   보물이 쏟아지다 treasure pours out

Speaking 18-1 말하기

준비 1 말한 내용을 강조해서 다시 이야기해 보세요.

> 가: 학교 축제에 가수 민지가 온대요.
> 나: 네? 가수 민지가 우리 학교에 오다니 믿어지지 않아요.
> 가: 여기 좀 보세요. 정말 축제 때 민지가 **온다니까요.**

1) 학교 축제에 가수 민지가 오다

2) 우유를 넣은 라면이 인기가 많다

3) 가수 준과 사진을 찍었다

4) 동생이 모두 열 명이다

준비 2 그림을 보고 어떤 일의 결과에 대해 이야기해 보세요.

> 가: 지난달에 입학시험을 봤다고 했지요? 어떻게 됐어요?
> 나: 열심히 준비했는데 결국 **떨어지고 말았어요.** 정말 속상해요.
> 가: 다음에 또 기회가 있잖아요. 기운 내세요.

1) 지난달에 입학시험을 보다

2) 남자 친구와 말다툼을 하다

3) 축구 경기를 하다

4) 막차를 타려고 뛰어 가다

문법과 표현: 동 -는다니까(요), 형 -다니까(요), 명 이라니까(요) ☞ 38~39쪽
동 -고 말다 ☞ 40쪽

말다툼 argument

말하기 다음 그림을 보고 흥부와 놀부 이야기를 만들어 보세요.

지지배배 chirp (sound)　　슬근슬근 slowly　　펑 pop (sound)　　도둑질 stealing

듣기 Listening 18-1

준비 최근에 공연을 본 적이 있습니까?

> 최근에 연극 '흥부와 놀부'를 봤어요. 무대가 작은 편이었는데 배우들의 연기를 가까운 곳에서 볼 수 있어서 좋았어요.

듣기 다음은 '흥부와 놀부'의 한 장면입니다. 잘 듣고 질문에 답해 보세요.

1 잘 듣고 내용과 일치하면 ○, 일치하지 않으면 ✕ 하세요.

1) 집을 나온 후 흥부는 놀부네 집에 간 적이 없다. ( )
2) 흥부는 열심히 일하지 않아서 놀부네 집에서 쫓겨났다. ( )
3) 흥부는 놀부네 집에 가서 아이들이 먹을 음식을 달라고 했다. ( )

2 흥부가 놀부 아내에게 뺨을 때려 달라고 한 이유는 무엇입니까?

💬 친구들과 이야기해 보세요.

- 흥부와 놀부 이야기를 알고 있습니까?
- 여러분 고향에도 형제가 나오는 옛날이야기가 있습니까?

오두막집 hut   가난하다 to be poor   형님 older brother (male perspective)   향하다 to head to
형수 older brother's wife/sister-in-law (male perspective)   저녁거리 things for supper   밥풀 grain of rice   뺨 cheek
때리다 to hit   쫓겨나다 to be kicked out

준비 그림을 보고 이야기를 만들어 보세요.

 어느 날 제비 한 마리가 나무에서 떨어졌어요. 제비는….

읽기 다음은 '흥부와 놀부'의 한 장면입니다. 잘 읽고 질문에 답해 보세요.

해설자: 흥부는 결국 빈손으로 **돌아오고 말았습니다**. 추운 겨울이 가고 흥부네 집에도 따뜻한 봄이 왔습니다. 어느 날 흥부네 집에 제비가 찾아왔습니다. 흥부는 제비를 정성껏 돌봐주었습니다.

흥부 아내: (소리를 지르며) 여보, 밖으로 좀 나와 보세요.

흥부: (급하게 마당으로 나오며) 아니, 무슨 일이에요?

흥부 아내: (손으로 제비 집을 가리키며) 저기 좀 보세요. 뱀 한 마리가 제비 집 쪽으로 가고 있어요.

제비: (흥부에게 도움을 요청하는 것처럼) 지지배배! 지지배배! 지지배배!

흥부: (막대기를 들고 뱀을 쫓아내며) 저리 가지 못해? 제비한테서 멀리 떨어져.

아이1: (다급한 목소리로) 아버지, 여기 좀 보세요. 제비 한 마리가 땅에 떨어졌어요.

제비: (힘없는 목소리로) 지지배배! 지지배배!

아이2: 다리가 부러진 모양이네요. 아버지, 우리가 고쳐 줘요.

흥부: 어디 좀 보자. 다행히 고칠 수 있겠어. (헝겊을 가져와 제비 다리에 묶어 주며) 제비야, 걱정하지 마. 며칠만 지나면 금방 다시 날 수 있을 거야.

결국 in the end   빈손 empty hand   정성껏 wholeheartedly   다급하다 to be urgent   다행히 fortunately

해설자: 시간이 지나 쌀쌀한 가을이 되었습니다. 제비는 흥부네 가족 덕분에 건강을 되찾아 따뜻한 남쪽 나라로 떠났습니다.

제비: (흥부네 집을 몇 바퀴 돌면서 고맙다는 인사를 하는 것처럼) 지지배배! 지지배배!

아이3: 아버지, 이것 좀 보세요. 제비가 박씨를 떨어뜨리고 갔어요.

흥부 아내: 어머, 정말 박씨네요. 배고픈데 이거라도 심어서 먹어요. 아이들에게 박속을 끓여서 먹이면 되겠어요.

흥부: (박씨를 보며 신기해하며) 그럴까요? (흥부가 박씨를 심고 집 안으로 들어간다. 아이들은 마당에 남아 있다.)

아이3: (깜짝 놀라 박을 가리키며) 어, 저것 좀 보세요. 박이 점점 커져요.

흥부: (집 안에서 목소리만) 박이 벌써 커지다니, 말도 안 돼.

아이3: (큰 목소리로) **정말이라니까요.** 빨리 나와 보세요.

흥부: (집 밖으로 나오면서 박을 보고 놀라며) 아니, 이럴 수가. 벌써 박이 열리다니. 얘들아, 어서 **톱을** 가져와라.

아이1, 2, 3: (흥부에게 톱을 주며) 아버지, 여기 있어요.

흥부: 다 함께 잘라 봅시다.

흥부 가족: 슬근슬근 톱질하세. 슬근슬근 톱질하세.

해설자: 흥부네 가족은 모두 함께 박을 자르기 시작했습니다. 이때 갑자기 '펑' 하는 소리와 함께 첫 번째 박 속에서 쌀이 쏟아져 나왔습니다.

건강을 되찾다 to regain health   박씨 gourd seed   박속 gourd meat

흥부 아내:	여보, 이게 무슨 일이에요? 박 속에서 쌀이 나왔어요. 이제 우리 아이들을 실컷 먹일 수 있겠어요.
흥부:	이게 꿈은 아니겠죠? 제비가 우리한테 은혜를 갚고 싶었나 봐요.
아이1, 2, 3:	(신이 난 목소리로) 아버지, 빨리 다른 박도 잘라 봐요.
흥부 가족:	슬근슬근 톱질하세. 슬근슬근 톱질하세.
해설자:	이번에는 '펑' 하는 소리와 함께 끊임없이 보물이 쏟아져 나왔습니다.
흥부:	아니, 여보. 이건 돈 아니에요?
흥부 아내:	세상에, 여기 비단도 있어요. 여보, 우리도 이제 아무 걱정 없이 살 수 있겠어요.
아이3:	우리 당장 넓은 집으로 이사 가요. 이제 이런 손바닥만 한 곳에서 살지 않아도 되겠어요.
아이2:	빨리 다른 박도 잘라 봐요.
흥부 가족:	슬근슬근 톱질하세. 슬근슬근 톱질하세.
해설자:	이번에는 '펑' 하는 소리와 함께 박에서 사람들이 나왔습니다. 눈 깜짝할 사이에 운동장만 한 기와집이 지어졌습니다. 흥부네 가족은 하루아침에 부자가 되었습니다.

1 제비에게 어떤 일이 있었습니까?

2 흥부네 가족은 제비를 어떻게 도와줬습니까?

3 흥부는 어떻게 박씨를 얻게 되었습니까?

4 흥부네 가족이 박을 심자마자 무슨 일이 일어났습니까? 일치하면 ○, 일치하지 않으면 × 하세요.

1) 박 속에서 흥부네 가족이 실컷 먹을 수 있는 쌀이 나왔다. ( )
2) 박 속에서 흥부네 가족이 걱정 없이 살 수 있는 돈이 나왔다. ( )
3) 박 속에서 사람들이 나와서 흥부의 아이들을 위해 운동장을 지어 줬다. ( )

 흥부와 놀부에 대해서 친구들과 이야기해 보세요.

흥부는 어떤 사람이라고 생각해요?

저는 흥부가 착하고 좋은 사람이라고 생각해요. 마음씨 착한 흥부가 복을 받게 될 줄 알았어요.

저는 생각이 좀 다른데요. 흥부는 가장이잖아요. 가족들을 위해서 더 열심히 일했어야 한다고 생각해요.

실컷 one's heart content   은혜를 갚다 to return the favor   끊임없이 endlessly   비단 silk   기와집 roof-tiled house
하루아침 overnight   복을 받다 to receive luck   가장 breadwinner

준비 그림을 보고 순서에 맞게 번호를 써 보세요.

( ) ( ) ( )

( ) ( ) ( )

쓰기 연극 '흥부와 놀부'의 결말을 상상해서 완성해 보세요.

〈보기〉

해설자: 놀부도 박을 자르기 시작했습니다. 그런데 박을 자르자마자 무서운 도깨비가 나타났습니다. 도깨비는 놀부와 놀부의 아내를 혼내 주고 모든 재산을 빼앗았습니다.

놀부: 용서해 주세요, 도깨비님. 정말 잘못했습니다. 착하게 살겠습니다.

놀부 아내: 저도 앞으로 정말 착하게 살게요.

해설자: **놀부도 박을 자르기 시작했습니다. 그런데**

💬 '흥부와 놀부' 연극을 하려고 합니다. 친구들과 팀을 나누고 역할을 정하세요. 그리고 대본을 외워서 연극을 해 보세요.

1 역할과 팀을 나누어 보세요.

	흥부	흥부 아내	아이1	아이2	아이3	놀부	놀부 아내	제비
〈보기〉	알리	나나	카이	프엉	리나	바트	수미	제니
A팀								
B팀								
C팀								

2 대본을 외워서 연극을 연습해 보세요.

3 연극을 제일 잘한 팀과 연기를 제일 잘한 사람을 뽑아 보세요.

문화 / Culture

제비

'흥부와 놀부' 이야기에 나오는 '제비'는 사람이 사는 집 주변에 집을 짓고 사는 새입니다. 제비가 가까이에 살고 있으면 시끄럽고 주변을 지저분하게 만드는데도 왜 사람들이 제비를 쫓아내지 않을까요? 그 이유는 제비가 모기나 파리 같은 해충을 잡아먹는 고마운 새이기 때문입니다. 제비는 날씨가 쌀쌀해지는 가을에 따뜻한 남쪽으로 갔다가 따뜻한 봄이 되면 다시 한국으로 돌아옵니다. 그래서 사람들은 추운 겨울이 가고 따뜻한 봄날 돌아오는 제비가 좋은 소식을 전해 주는 새라고 생각하게 되었습니다.

자기 평가 / Self-Check

- ☐ 그림을 보고 이야기를 만들 수 있다.
- ☐ 한국어로 연극을 할 수 있다.
- ☐ 연극을 감상한 후 평가할 수 있다.

서울대 한국어+

3B

부록 Appendix

- **활동지** Activity Sheets
- **듣기 지문** Listening Script
- **대본** Script
- **모범 답안** Answer Key
- **어휘 색인** Glossary

10. 고장과 수리

제품 카드

수리 신청서(고객용)

제품명		구입 장소	
구입 날짜		고장 시기	
고장 상황	• • •		
고장 원인	☐ ☐ ☐ ☐ ☐ ?		

수리 신청서(직원용)

고객 정보	이름		제품	
	연락처		구입 정보	• 언제/어디에서 구입하셨습니까?
사용 기간	• 얼마 동안 사용하셨습니까? • 사용하신 지 얼마나 됐습니까?		고장 상황	• 어떻게 안 됩니까? • 무슨 문제가 있습니까?
고장 시기	• 언제부터 안 됩니까?	• 언제부터 그랬습니까?		• 언제부터 문제가 있었습니까?
확인 사항	☐ 물에 빠뜨리신 적이 있습니까? ☐ 땅에 떨어뜨리신 적이 있습니까? ☐ 음료수를 쏟으신 적이 있습니까? ☐ 제품에 먼지가 많이 끼어 있지 않습니까?		☐ 너무 뜨겁거나 차가운 곳에 오래 두셨습니까? ☐ 오랫동안 사용하지 않으셨습니까? ☐ _____ ?	
수리비		수리 기간	

11. 실수와 고민

13. 연애와 결혼

1.

학교 도서관, 아르바이트하다	스포츠 센터, 운동을 하다	지하철 안, 친구를 만나러 가다
회사, 일을 하다	한강공원, 산책을 하다	?

2.

말이 잘 통하다	일을 열심히 하다	매력이 있다
성격이 잘 맞다	마음씨가 착하다	?

3.

편지와 선물을 주면서….	꽃과 반지를 선물하면서….	친구들이 모두 모인 동창회에서….
새해 첫날 산 정상에 올라 일출을 보면서….	처음으로 함께 간 여행지에 다시 가서….	?

16. 일과 직업

1.

담당자 카드

회사 소개	
1. 회사 이름	
2. 업무	
3. 위치	
근무 조건	
1. 연봉	
2. 근무 시간	
3. 휴가	
4. 기타	

2.

지원자 카드

중요하게 생각하는 근무 조건이 있습니까?

☐ 업무　　☐ 연봉　　☐ 근무 시간　　☐ 승진 기회　　☐ 휴가　　☐ 기타

회사 1	회사 2	회사 3
회사 이름:	회사 이름:	회사 이름:
업무:	업무:	업무:
장점:	장점:	장점:
단점:	단점:	단점:

10. 고장과 수리 Malfunctions & Repairs

❶ 여1: 승객 여러분, 대단히 죄송합니다. 현재 저희 열차는 엔진에 문제가 생겨서 운행을 하지 못하고 있습니다. 열차 밖은 위험하오니 객실 안에서 기다려 주시기 바랍니다.
남: 과장님, 저 출장을 마치고 서울로 올라가고 있는데요. 열차가 고장 나서 도착이 늦어지고 있습니다. 회의에 참석하기 어려울 것 같습니다.
여2: 열차가 고장이 났다고요?
남: 네. 열차가 심하게 흔들리더니 갑자기 멈췄습니다. 지금도 계속 서 있습니다.
여2: 많이 놀랐겠어요. 다치지는 않았어요?
남: 창문에 머리를 부딪혔는데 목을 조금 삔 것 같습니다.
여2: 회의는 걱정하지 말고 오늘은 일찍 들어가서 좀 쉬지 그래요?
남: 네. 알겠습니다. 정말 감사합니다.

❷ 여: 무슨 일 있어?
남: 자전거가 고장 났어. 아무래도 새로 사야겠어.
여: 왜? 아직 멀쩡해 보이는데?
남: 타이어에 펑크가 났어. 그리고 브레이크를 잡을 때마다 이상한 소리가 나. 지난 주말까지는 아무 문제도 없더니 갑자기 이러네.
여: 우리 동네에 무료로 자전거를 수리해 주는 곳이 있어. 거기에 한번 가져가 보지 그래? 타이어는 바꾸면 되고 브레이크도 부품만 교체하면 될 거야.
남: 수리비가 무료라고?
여: 응. 수리비는 무료지만 부품값은 내야 할 거야.
남: 지금 당장 가 봐야겠다. 정말 고마워.

❸ 남: 안녕하세요? 고객 센터에 텔레비전 수리 신청하셨지요? 오늘 오후 3시쯤 방문하려고 하는데 괜찮으십니까?
여: 네. 괜찮아요.
남: 그럼 이따가 뵙겠습니다.
…
안녕하세요? 수리 기사입니다.
여: 어서 오세요. 텔레비전은 여기 있어요. 전원은 켜지는데 화면이 안 나와요.
남: 아, 그래요? 언제부터 그랬나요?
여: 어제부터 화면이 흐려지더니 오늘 아침부터는 화면이 아예 안 나와요. 처음에는 먼지가 낀 줄 알았는데 아니더라고요. 소리는 잘 나오는데 화면만 그래요.
남: 혹시 최근에 텔레비전을 옮기신 적이 있으세요?
여: 네. 제가 지난주에 이사를 했어요. 아, 그때 텔레비전을 옮기다가 벽에 살짝 부딪혔어요.
남: 고객님, 확인해 보니 텔레비전 액정이 나가서 수리비가 많이 나올 것 같은데요. 구입하신 지 꽤 오래된 것 같은데 혹시 바꾸실 계획이 있으시면 수리하지 마시고 새로 구입하시지 그러세요?
여: 아, 정말요? 그럼 그냥 새로 사야겠네요.

11. 실수와 고민 Mistakes & Concerns

❶ 여: 이번 코너는 '감추고 싶은 나의 실수'입니다. 부산에 사는 김민지 씨의 사연을 들어 보겠습니다.

저는 스물두 살 대학생인데 요즘 동아리 선배를 혼자 좋아하고 있어요. 선배한테 좋아한다고 말할까 말까 고민하다가 친한 친구한테만 문자로 제 속마음을 이야기했어요. 그런데 알고 보니 제가 문자를 보낸 사람이 그 선배였어요. 너무 당황해서 지금 아무 생각도 안 나요. 문자를 보내기 전에 다시 한번 잘 확인해 볼 걸 그랬어요. 저는 앞으로 어떻게 해야 할까요? 제발 도와주세요.

그러셨군요. 문자를 잘못 보낸 후에 많이 놀라고 당황하셨겠어요. 지금부터 청취자 여러분의 의견을 들어 보도록 하겠습니다.

❷ 남: 누나, 뭘 보고 있어?
여: 흥미로운 기사가 있어서 읽고 있었어. 사람들한테 지금까지 살면서 가장 후회하는 일이 뭐냐고 물어봤는데 대부분의 사람들이 더 열심히 공부하지 않은 걸 후회한다고 대답했대.
남: 정말? 나도 얼마 전에 시험을 망치고 열심히 공부할 걸 그랬다고 생각했는데. 또 뭘 후회한대?
여: 그다음으로 돈을 많이 모으지 못한 것, 운동을 열심히 하지 않은 걸 후회한다는 사람들이 많았어. 여행을 더 많이 할 걸 그랬다고 대답한 사람들도 있었고.
남: 그렇구나. 앞으로 나도 후회하지 않도록 여행을 더 자주 다녀야겠다.
여: 근데 나는 후회하는 게 꼭 나쁜 건 아니라고 생각해. 사람들은 보통 실수하거나 잘못했을 때 후회를 하는데 후회를 해 본 사람은 똑같은 실수를 반복하지 않을 수 있거든.
남: 듣고 보니 그 말이 맞는 것 같아. 한 번 한 실수를 다시 하지 않도록 노력하는 게 더 중요하겠지?

❸ 남: 오늘 다 같이 맛있는 해물탕을 만들어 봤는데 어떠셨나요?
여: 재미있었는데 조금 어려웠어요.
남: 자, 그럼 마지막으로 해물탕에 소금을 넣어 간을 맞추겠습니다. 준비된 소금을 반 숟가락 정도 국물에 넣어 주세요. 맛을 보신 후 싱거우면 그때 소금을 더 넣으셔도 됩니다.
여: 저기, 선생님. 제 해물탕 맛이 좀 이상한 것 같아요.
남: 제가 간을 좀 보겠습니다. 해물탕이 다네요. 혹시 소금 대신 설탕을 넣으셨나요?
여: 잠시만요. 어머, 제가 소금인 줄 알고 설탕을 넣었나 봐요. 잘 확인해 보고 넣을 걸 그랬어요. 어떡하죠?
남: 괜찮아요. 국물을 조금 버리고 양념을 더 넣어서 다시 끓여 보세요. 그럼 먹을 만할 거예요.
여: 네. 알겠습니다. 요리를 망친 것 같아서 너무 속상하네요.
남: 예전에 저도 음식에 설탕을 잘못 넣어서 다 버린 적이 있어요. 소금인 줄 알았는데 넣고 보니 설탕이었지요. 누구나 그럴 수 있으니까 너무 속상해하지 마세요.

12. 습관의 중요성 Importance of Routines

❶ 남: 직장인 100명에게 새해에 꼭 기르고 싶은 습관이 있는지 물었습니다. 그 결과 60% 이상이 그렇다고 대답했습니다. 어떤 습관을 기르고 싶은지 묻는 질문에는 '매일 운동하는 습관'이라는 대답이 45%로 1위였습니다. 그리고 '일찍 자고 일찍 일어나는 습관'이라고 대답한 사람들은 30%로 2위였고, '독서하는 습관'을 기르고 싶다고 대답한 사람들은 15%였습니다. 마지막으로 10%의 사람들이 '긍정적으로 생각하는 습관'을 기르고 싶다고 했습니다. 이처럼 새해에는 운동을 시작하고 잠을 충분히 자는 등 아무리 바빠도 건강을 돌보겠다는 직장인들이 많았습니다.

❷ 여: 앤디 씨, 아까부터 계속 다리를 떨고 있네요.
남: 네. 제가 긴장을 하면 다리를 떠는 버릇이 있습니다.
여: 그렇군요. 한국에는 다리를 떨면 복이 나간다는 말이 있어요. 그래서 어릴 때부터 다리를 떨지 못하게 해요. 그러니까 회의 중에는 아무리 긴장이 돼도 다리를 떨지 않는 게 좋겠어요.
남: 저는 전혀 몰랐습니다. 제 고향에서는 다리를 떠는 게 건강에 좋다고 생각하는 사람도 있어서 그동안 괜찮다고 생각했습니다.
여: 그랬군요. 그런데 다리를 떨면 소리가 날 수도 있고 주변 사람들이 불편해할 수도 있어요.
남: 네. 부장님 말씀을 듣고 보니 그럴 수도 있을 것 같습니다. 앞으로 더 신경 쓰도록 하겠습니다.

❸ 여: 내일 면접을 잘 볼 수 있을까? 너무 긴장돼.
남: 걱정하지 마. 열심히 준비했으니까 꼭 합격할 거야.
여: 그러면 정말 좋겠다.
남: 근데 입술 좀 그만 깨물어. 머리도 그만 만지고. 내일 면접 볼 때는 아무리 불안해도 그런 행동은 하지 마.
여: 알았어. 노력해 볼게.
남: 면접을 볼 때는 면접관이 네가 긴장하고 있다는 걸 모르게 해야 된다. 그러니까 긴장될 때 나오는 버릇은 고치는 게 좋아. 신문에서 읽었는데 70%의 면접관이 지원자의 나쁜 버릇을 보고 낮은 점수를 줬대.
여: 정말? 한숨을 쉬거나 다리를 떠는 사소한 행동 때문에 면접에서 떨어지면 너무 속상할 것 같아.
남: 맞아. 그리고 앉는 자세도 중요하대. 면접을 볼 때 자세가 바르지 않거나 다른 곳을 보는 지원자에게도 낮은 점수를 준대. 그런 행동을 하면 면접에 집중하지 못하는 것처럼 보이니까 조심해야 해.
여: 정말 고마워. 네가 이야기해 주지 않았으면 몰랐을 거야.

13. 연애와 결혼 Dating & Marriage

❶ 여: 안녕하세요? '라디오는 사랑을 싣고'의 김하나입니다. 요즘 취업이 어렵고 집값도 비싸서 결혼을 망설이는 분들이 많이 계시잖아요? 사실 제 주변에도 결혼하려면 아직 멀었다고 말씀하시는 분들이 많습니다. 그런데 오늘 결혼에 대한 재미있는 조사 결과가 있어서 여러분께 소개해 드리려고 합니다. 한 결혼 정보 회사에서 20~30대 남녀 500명에게 결혼할 계획이 있는지 물었습니다. 그 결과 70%가 결혼을 하겠다고 대답했습니다. 그리고 응답자 중에서 배우자의 경제적 능력보다는 자신과 성격이 잘 맞는지를 보겠다고 대답한 사람이 80%였습니다. 청취자 여러분은 어떻게 생각하시나요?

❷ 여: 웬 케이크야? 무슨 날이야?
남: 오늘이 부모님 서른 번째 결혼기념일이라서 축하해 드리려고 샀어.
여: 와, 그렇구나. 두 분은 연애결혼을 하셨지?
남: 아니. 중매결혼을 하셨어. 아빠가 선을 보러 나가셨는데 거기에서 처음 만난 엄마가 아빠의 이상형이었대. 그래서 엄마한테 바로 결혼하자고 하셨대.
여: 정말? 두 분이 사이가 좋으셔서 결혼 전에 오랫동안 연애를 하신 줄 알았어. 나는 그동안 오래 연애를 하면서 서로를 잘 알아야만 결혼해서 행복하게 살 수 있다고 생각했거든.
남: 우리 부모님을 보니까 꼭 그런 건 아닌 것 같아. 나도 선을 보고 결혼할 생각이야. 조건이 비슷한 사람을 만나면 오래 연애하지 않아도 행복하게 잘 살 수 있을 것 같아.
여: 그렇구나. 혹시 너도 선을 본 적이 있어?
남: 아니. 우린 아직 어리잖아. 선을 보려면 아직 멀었어.

❸ 여: 오늘 날씨도 좋은데 어디 안 나가니?
남: 이번 주말에는 집에서 하루 종일 쉴 거예요. 계속 야근을 해서 너무 피곤해요.
여: 요즘 바빠 보이기는 하더라. 그 일은 언제쯤 끝나니?
남: 끝나려면 아직 멀었어요. 다음 주에도 계속 야근해야 할 것 같아요.
여: 맨날 일만 하지 말고 주말에는 나가서 데이트 좀 해.
남: 엄마, 저는 결혼할 생각이 없다고 말씀드렸잖아요. 주말에 편하게 낮잠 자고 맛있는 걸 먹는 게 제 행복이에요.
여: 결혼은 꼭 안 해도 돼. 근데 좋은 사람과 연애하는 건 괜찮지 않을까? 사랑하는 사람이 생기면 더 행복해질 거야.
남: 저는 연애할 때 서로 맞추기 위해 노력하는 건 피곤한 일이라고 생각해요. 전에 사귀던 사람하고 성격이 안 맞아서 자주 싸웠는데 정말 힘들었어요.
여: 성격이 잘 맞는 사람을 만나면 되지. 친구들한테 좋은 사람 좀 소개해 달라고 해.
남: 괜찮아요. 저는 지금이 더 편하고 좋아요.

14. 고향의 어제와 오늘 Hometown's Past & Future

❶ 여: 저는 지금 농촌 학교에 나와 있는데요. 수업 시간인데도 불구하고 학생들이 운동장 옆 텃밭에서 채소에 물을 주고 있습니다. 보통 학교에서는 상상도 못 할 일인데요. 이 학교

에서는 교실 수업 이외에도 학생들에게 농촌 체험의 기회를 다양하게 제공하고 있다고 합니다. 그래서 도시 학생들이 이 학교로 전학을 오는 경우도 많다고 하는데요. 농촌 학교로 전학 온 학생을 잠시 만나 보겠습니다. 여기 생활이 어떤가요?

남: 매일매일 너무 신나요. 제가 다녔던 학교에서는 공부만 했거든요. 그런데 여기에서는 물고기를 잡거나 숲 체험 같은 재미있는 활동을 많이 해요. 지금 제 모습을 보면 도시 친구들이 다 부러워할걸요.

여: 방학을 이용해 농촌 학교를 체험해 보는 프로그램도 있다고 하는데요. 아이들에게 농촌에서의 즐거운 추억을 선물해 주시는 건 어떨까요? 지금까지 리포터 김지민이었습니다.

❷ 여: 여기가 아닌 것 같아. 아무래도 우리가 길을 잘못 든 것 같아.
남: 이 근처가 맞을걸? 저기 보이는 전망대에서 같이 노을도 봤잖아.
여: 여기가 우리가 같이 여행 왔던 그 바닷가라고?
남: 응. 예전에는 조용하고 평화로운 곳이었는데 지금은 사람도 많아지고 활기찬 곳으로 변했네.
여: 와, 멋진 카페도 정말 많이 생겼다. 저기 서핑을 배우는 곳도 있어. 전부터 한번 배워 보고 싶었는데 잘됐다.
남: 전에 왔을 때는 즐길 거리가 별로 없어서 좀 따분했는데 이제 시간 가는 줄 모르고 놀 수 있겠어.
여: 정말 그러네. 나중에 여기에서 살았으면 좋겠다. 공기도 좋고 여유롭고….
남: 나도 그래. 뉴스에서 봤는데 요즘 좋아하는 일을 하면서 여유롭게 지내려고 도시를 떠나는 사람들이 많대.
여: 그렇구나. 나도 한번 진지하게 고민해 봐야겠어.

❸ 여: 오늘도 공해가 심하네요. 계속 기침이 나고 가슴도 답답한 것 같아요.
남: 어제까지는 괜찮더니 오늘 갑자기 공기가 나빠진 것 같아요.
여: 저는 맑은 하늘을 좀 보면서 살고 싶어요. 사람들로 붐비는 도시 생활에 지쳤어요. 앞으로는 조용하고 평화로운 곳에서 지내고 싶어요.
남: 저도 도시 생활이 가끔 답답할 때가 있어요. 하지만 막상 고향 집에 내려가면 너무 조용하고 따분해서 얼른 다시 도시로 돌아오고 싶어져요.
여: 시골 생활이 항상 따분한 건 아니에요. 전에 일했던 회사가 지방에 있었거든요. 그곳에서 살 때는 농사도 짓고 정원도 가꾸면서 시간 가는 줄 몰랐어요.
남: 그래도 도시는 편의 시설이 잘되어 있어서 편리하고 활기차잖아요. 무엇보다 볼거리나 놀거리도 다양하고요. 시골은 교통도 불편하고 편의 시설도 별로 없어서 젊은 사람들은 생활하기 어려울걸요.
여: 도시와 비교하면 시골 생활이 불편할 수도 있을 거예요. 버스도 많지 않고 지하철도 없고요. 하지만 공기가 좋고 자연 속에서 생활할 수 있으니까 좋잖아요.
남: 그렇지만 도시에는 일자리가 많아서 원하는 일을 찾기 쉽고 미술관이나 영화관이 근처에 있어서 문화생활을 즐길 수도 있잖아요. 저는 도시 생활의 편리함을 포기할 수 없을 것 같아요.

15. 건강한 몸과 마음 Healthy Body & Mind

❶ 남: 최근 대도시에 살고 있는 성인 남녀 천 명을 대상으로 건강에 대한 설문 조사를 했습니다. 조사 결과 인생에서 가장 중요한 것은 건강이라는 대답이 96%로, 건강에 대한 사람들의 관심이 매우 높은 것으로 나타났습니다. 평소에 어떻게 건강을 관리하는지 묻는 질문에 몸에 좋은 음식을 먹었더니 건강해졌다는 대답이 67%로 가장 많았고, 운동을 한다는 대답이 51%였습니다. 그리고 운동할 시간이 없으면 홍삼 같은 건강식품이라도 먹는다는 대답이 47%였습니다. 이 외에 일 년에 한 번 병원에 가서 검사를 받거나 약을 먹는다는 대답도 있었습니다.

❷ 여: 오랜만에 아빠하고 같이 산책하니까 좋네요. 힘들지 않으세요?
남: 우리 딸하고 같이 걸으니까 하나도 안 힘든데?
여: 요즘 체력이 많이 좋아지신 것 같아요. 저는 아까 계단을 오를 때 숨이 찼는데 아빠는 하나도 안 힘들어하시더라고요.
남: 지난번에 네가 알려준 앱을 이용해서 매일 걸었더니 건강이 좋아졌어. 앱을 보면 내가 하루에 얼마나 걷는지 알 수 있어서 좋아. 그래서 요즘 운동하는 게 참 재미있어.
여: 정말 잘됐네요. 하루에 얼마나 걷고 계세요?
남: 요즘 몸이 가벼워져서 하루에 만 보 이상 걸으려고 노력 중이야.
여: 정말 대단하세요. 저도 더 늦기 전에 하루에 30분씩이라도 걸어야겠어요.

❸ 남1: 안녕하세요? 오늘은 건강에 대한 여러분의 질문을 직접 듣고 이야기를 나눠 보겠습니다.
남2: 저는 운동을 좋아하는 직장인인데요. 그동안 계란이나 닭고기처럼 단백질이 많이 들어 있는 음식을 먹으면서 매일 운동했더니 근육도 생기고 힘도 세졌어요. 그런데 요즘 운동을 하고 나면 더 피곤해지는 것 같아서 고민이에요.
남1: 운동을 꾸준히 하는 건 우리 몸에 좋은 습관입니다. 하지만 무리해서 할 경우 오히려 건강이 나빠질 수도 있습니다. 매일 운동하는 것보다는 일주일에 하루라도 쉬는 게 좋습니다. 잘 쉬는 것도 건강을 지키기 위한 방법 중 하나입니다.
여: 저는 취직을 준비하고 있는 대학생이에요. 요즘 시험공부를 하느라고 오래 앉아 있었더니 몸이 무거워졌어요. 영양제를 꾸준히 먹고 있는데도 효과가 별로 없는 것 같아요. 요즘 몸에 기운이 없고 공부도 잘 안되는데 영양제를 좀 추천해 주세요.
남1: 공부하시느라 많이 힘드시겠어요. 혹시 식사는 잘하고 계신가요? 많은 분들이 건강해지려면 영양제를 먹어야 한다

고 오해하고 계십니다. 하지만 음식을 골고루 드시는 것만큼 우리 몸에 좋은 건 없습니다. 조금 더 건강하게 식사하려고 노력해 보세요.

남: 마지막으로 더 해 주실 말씀이 있으신가요?
여: 무엇보다 긴장하지 않으셨으면 좋겠습니다. 스스로에게 잘할 수 있다고 말해 주세요. 이번에는 꼭 합격하실 겁니다.

16. 일과 직업 Work & Occupations

❶ 남: 친구들은 아르바이트를 쉽게 구하네. 다들 정말 능력이 있는 모양이야. 나도 빨리 일자리를 찾아야 할 텐데….
여: 일자리가 필요하세요? 지금 바로 '알바최고'에서 아르바이트를 검색해 보세요. 매일 수천 개의 새로운 일자리가 올라옵니다. '알바최고'에서 원하는 업무와 근무 시간, 시급을 찾아보세요. 귀찮게만 느껴지던 이력서도 클릭 한 번으로 간편하게 제출할 수 있습니다. 그뿐만이 아닙니다. 성실하고 경험이 많은 직원을 구하시는 사장님들도 지원자들의 경력을 한눈에 확인하실 수 있습니다. 일자리를 찾고 계십니까? 직원을 구하고 계십니까? 지금 바로 '알바최고'를 검색해 보세요.

❷ 남: 방학 동안 등록금도 마련하고 용돈도 벌어야 할 텐데 어디 좋은 일자리 없을까?
여: 아르바이트 정보를 알려주는 웹사이트나 앱에 한번 들어가 봐. 나도 거기서 일자리를 구했어.
남: 그래? 어디에서 일하는데?
여: 학교 근처에 있는 회사에서 중국어를 한국어로 번역하는 일을 하고 있어. 나중에 취직할 때 도움이 될 것 같아서 시작하게 됐어.
남: 그렇구나. 근무 시간은 어떻게 돼?
여: 월요일과 수요일, 그리고 금요일에 출근하는데 오전 9시부터 오후 6시까지 일해.
남: 일이 꽤 많은 모양이네. 나는 하루에 두세 시간 정도만 일할 줄 알았는데….
여: 응. 생각보다 근무 시간이 길어. 하지만 다른 아르바이트보다 시급이 높고 경력도 쌓을 수 있어서 만족해.
남: 정말 부럽다. 나도 얼른 그런 일을 찾았으면 좋겠어.

❸ 남: 오늘 '고민 상담 라디오'에서는 '면접의 비법'을 쓰신 조민영 작가님과 함께하고 있습니다. 다음 사연을 읽어 보겠습니다. 저는 다음 주에 취업 면접을 봅니다. 이번에는 꼭 합격해야 할 텐데 또 떨어질까 봐 걱정입니다. 어떻게 하면 면접을 잘 볼 수 있을까요?
여: 이야기를 들어 보니 면접을 앞두고 많이 긴장되시는 모양입니다. 우선 면접에서 가장 중요한 것은 웃는 얼굴과 바른 자세입니다. 그리고 면접을 볼 때에는 면접관의 눈을 보고 말해야 합니다. 이렇게 하면 면접관에게 좋은 인상을 줄 수 있고 또 자신감도 있어 보일 겁니다.
남: 그렇군요. 면접을 보기 전에는 어떤 준비를 해야 할까요?
여: 면접 질문 중에는 회사나 업무에 관한 것이 많습니다. 그렇기 때문에 반드시 회사에 대한 정보를 미리 잘 찾아보셔야 합니다.

17. 특별한 날 Special Days

❶ 여: 학생 여러분, 안녕하세요? 5월 셋째 주 월요일 교내 방송을 시작하겠습니다. 오늘은 성년의 날입니다. 스무 살이 되신 모든 분들, 진심으로 축하드립니다. 학교에서 성년의 날을 맞이해서 특별한 행사를 마련했다고 합니다. 지금 학생회관 앞에서 빨간 장미꽃을 나눠 주고 있으니까 꼭 받아 가시기 바랍니다. 저도 오는 길에 장미꽃을 받았는데 기분이 얼마나 좋은지 모릅니다. 오후 2시에는 대강당에서 성년의 날 기념 특강이 열린다고 합니다. 성년의 날을 특별하게 보내려던 참이었나요? 그렇다면 오늘 이 강의를 꼭 들어 보시기 바랍니다.

❷ 남: 오늘 같이 발표 준비하기로 한 거 잊지 않았죠?
여: 그럼요. 안 그래도 연락하려던 참이었는데 마침 잘 왔어요. 지금 국기를 달고 있었거든요. 잠깐만 기다려 주세요.
남: 그러고 보니 집집마다 국기가 달려 있네요. 오늘이 무슨 날이에요?
여: 오늘은 현충일인데 나라를 위해 싸우다가 돌아가신 분들을 기억하려고 만든 날이에요. 현충일에는 기념식을 하고 오전 10시부터 1분 동안 묵념을 해요.
남: 그렇군요. 우리 고향에도 비슷한 기념일이 있어요. 우리 고향에서는 '메모리얼 데이'라고 하는데 5월 마지막 주 월요일이에요.
여: 그날을 어떻게 기념해요?
남: 기념행사를 하고 퍼레이드를 하는데 얼마나 멋있는지 몰라요.

❸ 여: 10월 9일에 경복궁에서 한글날 기념 외국인 글짓기 대회가 열린대. 우리도 한번 나가 볼까?
남: 안 그래도 나도 너한테 말하려던 참이었어. 우리 같이 신청하자. 한국 문화에 대해서 써야 한다고 들었어.
여: 나는 한글의 우수성에 대해서 써 볼까 해. 한글날은 세종대왕이 한글을 만들어서 발표한 것을 기념하기 위해서 만들어진 날이잖아. 그러니까 한글에 대해서 쓰는 게 의미가 있을 것 같아.
남: 한글날과 정말 잘 어울리는 주제 같은데?
여: 참, 그날 한글 전시회도 열린대. 전시를 무료로 볼 수 있고 한글 티셔츠도 만들어 볼 수 있다고 들었어.
남: 예전에 한글 전시를 본 적이 있는데 얼마나 재미있었는지 몰라. 글짓기 대회가 끝난 후에 전시도 보고 오자.
여: 그래, 좋아.

18. 연극 Play

❶ 여: 옛날 어느 마을에 마음씨 착한 흥부와 욕심 많은 놀부 형제가 살았습니다. 아버지가 돌아가시자마자 놀부는 흥부네 가족을 집에서 내쫓고 말았습니다. 집에서 쫓겨난 흥부는 다 쓰러져 가는 오두막집에서 가난하게 살았습니다. 가난한 흥부 가족들은 굶는 날이 많았습니다. 가족들이 배고파서 우는 것을 본 흥부는 쌀을 구하러 형님 댁으로 향했습니다.

남: 형님, 형님. 저 형님 동생 흥부예요. 문 좀 열어 주세요.
여: 우리 집에는 무슨 일로 왔어요? 설마 또 먹을 걸 달라고 찾아온 건 아니지요?
남: 불쌍한 저희 아이들이 며칠째 아무것도 못 먹고 굶고 있습니다. 제발 먹을 걸 좀 주세요. 이렇게 부탁드립니다.
여: 당장 이 집에서 나가요. 얼른 나가지 못해요? 열심히 일할 생각은 안 하고…. 쯧쯧쯧.
남: 형수님, 당장 먹을 게 없어서 그럽니다. 아이들에게 먹일 저녁거리라도 좀 챙겨 주세요. 제발 부탁드립니다.
여: 당장 나가라니까요. 우리 먹을 것도 부족하다고요.
남: 아이고, 형수님. 고맙습니다. 우리 아이들에게 밥풀이라도 먹이게 반대쪽 뺨도 좀 때려 주세요.
여: 우리가 지금까지 얼마나 많이 도와줬는데 또 도와달라는 거예요? 앞으로 다시는 우리 집에 올 생각도 하지 말아요.

흥부와 놀부

때: 옛날
곳: 어느 마을
나오는 사람: 흥부, 흥부 아내, 흥부의 아이1, 2, 3, 놀부, 놀부 아내, 제비, 해설자

해설자: 옛날 어느 마을에 마음씨 착한 흥부와 욕심 많은 놀부 형제가 살았습니다. 아버지가 돌아가시자마자 놀부는 흥부네 가족을 집에서 내쫓고 말았습니다. 집에서 쫓겨난 흥부는 다 쓰러져 가는 오두막집에서 가난하게 살았습니다. 가난한 흥부 가족들은 굶는 날이 많았습니다. 가족들이 배고파서 우는 것을 본 흥부는 쌀을 구하러 형님 댁으로 향했습니다.

1. 놀부네 집

흥부: (놀부네 집 문을 두드리며) 형님, 형님. 저 형님 동생 흥부예요. 문 좀 열어 주세요.
놀부 아내: (몹시 화가 난 목소리로) 우리 집에는 무슨 일로 왔어요? 설마 또 먹을 걸 달라고 찾아온 건 아니지요?
흥부: 불쌍한 저희 아이들이 며칠째 아무것도 못 먹고 굶고 있습니다. 제발 먹을 걸 좀 주세요. (두 손을 싹싹 빌면서) 이렇게 부탁드립니다.
놀부 아내: 당장 이 집에서 나가요. 얼른 나가지 못해요? (혼잣말로) 열심히 일할 생각은 안 하고…. 쯧쯧쯧.
흥부: 형수님, 당장 먹을 게 없어서 그럽니다. 아이들에게 먹일 저녁거리라도 좀 챙겨 주세요. 제발 부탁드립니다.
놀부 아내: (부엌에서 들고나온 밥주걱으로 흥부의 뺨을 때리며) 당장 나가라니까요. 우리 먹을 것도 부족하다고요.
흥부: 아이고, 형수님. 고맙습니다. (뺨에 붙은 밥풀을 떼어 먹으며) 우리 아이들에게 밥풀이라도 먹이게 반대쪽 뺨도 좀 때려 주세요.
놀부 아내: (흥부를 밖으로 내쫓으면서) 우리가 지금까지 얼마나 많이 도와줬는데 또 도와달라는 거예요? 앞으로 다시는 우리 집에 올 생각도 하지 말아요.

2-1. 흥부네 집 마당

해설자: 흥부는 결국 빈손으로 돌아오고 말았습니다. 추운 겨울이 가고 흥부네 집에도 따뜻한 봄이 왔습니다. 어느 날 흥부네 집에 제비가 찾아왔습니다. 흥부는 제비를 정성껏 돌봐 주었습니다.
흥부 아내: (소리를 지르며) 여보, 밖으로 좀 나와 보세요.
흥부: (급하게 마당으로 나오며) 아니, 무슨 일이에요?
흥부 아내: (손으로 제비 집을 가리키며) 저기 좀 보세요. 뱀 한 마리가 제비 집 쪽으로 가고 있어요.
제비: (흥부에게 도움을 요청하는 것처럼) 지지배배! 지지배배! 지지배배!
흥부: (막대기를 들고 뱀을 쫓아내며) 저리 가지 못해? 제비한테서 멀리 떨어져.
아이1: (다급한 목소리로) 아버지, 여기 좀 보세요. 제비 한 마리가 땅에 떨어졌어요.
제비: (힘없는 목소리로) 지지배배! 지지배배!
아이2: 다리가 부러진 모양이네요. 아버지, 우리가 고쳐줘요.
흥부: 어디 좀 보자. 다행히 고칠 수 있겠어. (헝겊을 가져와 제비 다리에 묶어 주며) 제비야, 걱정하지 마. 며칠만 지나면 금방 다시 날 수 있을 거야.
해설자: 시간이 지나 쌀쌀한 가을이 되었습니다. 제비는 흥부네 가족 덕분에 건강을 되찾아 따뜻한 남쪽 나라로 떠났습니다.
제비: (흥부네 집을 몇 바퀴 돌면서 고맙다는 인사를 하는 것처럼) 지지배배! 지지배배!
아이3: 아버지, 이것 좀 보세요. 제비가 박씨를 떨어뜨리고 갔어요.
흥부 아내: 어머, 정말 박씨네요. 배고픈데 이거라도 심어서 먹어요. 아이들에게 박속을 끓여서 먹이면 되겠어요.
흥부: (박씨를 보며 신기해하며) 그럴까요?
(흥부가 박씨를 심고 집 안으로 들어간다. 아이들은 마당에 남아 있다.)
아이3: (깜짝 놀라 박을 가리키며) 어, 저것 좀 보세요. 박이 점점 커져요.
흥부: (집 안에서 목소리만) 박이 벌써 커지다니, 말도 안 돼.
아이3: (큰 목소리로) 정말이라니까요. 빨리 나와 보세요.
흥부: (집 밖으로 나오면서 박을 보고 놀라며) 아니, 이럴 수가. 벌써 박이 열리다니. 얘들아, 어서 톱을 가져와라.
아이1, 2, 3: (흥부에게 톱을 주며) 아버지, 여기 있어요.
흥부: 다 함께 잘라 봅시다.
흥부 가족: 슬근슬근 톱질하세. 슬근슬근 톱질하세.

2-2. 흥부네 집 마당

해설자: 흥부네 가족은 모두 함께 박을 자르기 시작했습니다. 이때 갑자기 '펑' 하는 소리와 함께 첫 번째 박 속에서 쌀이 쏟아져 나왔습니다.
흥부 아내: 여보, 이게 무슨 일이에요? 박 속에서 쌀이 나왔어요. 이제 우리 아이들을 실컷 먹일 수 있겠어요.
흥부: 이게 꿈은 아니겠죠? 제비가 우리한테 은혜를 갚고 싶었나 봐요.
아이1, 2, 3: (신이 난 목소리로) 아버지, 빨리 다른 박도 잘라 봐요.
흥부 가족: 슬근슬근 톱질하세. 슬근슬근 톱질하세.
해설자: 이번에는 '펑' 하는 소리와 함께 끊임없이 보물이 쏟아져 나왔습니다.
흥부: 아니, 여보. 이건 돈 아니에요?
흥부 아내: 세상에, 여기 비단도 있어요. 여보, 우리도 이제 아무 걱정 없이 살 수 있겠어요.
아이3: 우리 당장 넓은 집으로 이사 가요. 이제 이런 손바닥만 한 곳에서 살지 않아도 되겠어요.
아이2: 다른 박도 어서 잘라 봐요.
흥부 가족: 슬근슬근 톱질하세. 슬근슬근 톱질하세.

해설자: '펑' 하는 소리와 함께 박에서 사람들이 쏟아져 나왔습니다. 눈 깜짝할 사이에 운동장만 한 기와집이 지어졌습니다. 흥부네 가족은 하루아침에 부자가 되었습니다.

3. 흥부네 집

놀부: (흥부네 가족과 기와집을 둘러보며) 네 이놈 흥부야. 네가 도둑질을 했구나. 배가 고프다고 남의 것을 훔칠 생각을 하다니. 아무리 가난해도 어떻게 남의 것을 훔칠 수가 있니?
흥부: 아이고, 형님, 아니에요. 저는 남의 것을 훔치지 않았어요.
놀부: 계속 거짓말을 하다니 정말 뻔뻔하구나.
흥부: 훔치지 않았다니까요. 다리가 부러진 제비를 구해 줬는데 그 제비가…. (귓속말로) 그래서 하루아침에 부자가 되었어요.
놀부: 뭐라고? 제비를 구해 줬더니 박씨를 주고 갔고, 박씨를 심었더니 보물이 나왔다고? (믿어지지 않는다는 표정으로) 그게 정말이냐?
흥부: 그렇다니까요.
해설자: 놀부는 부자가 된 흥부를 보고 배 아파하며 집으로 돌아갔습니다.

4. 놀부네 집

해설자: 다시 봄이 되었고 놀부네 집 지붕 아래에도 제비가 집을 지었습니다. 놀부는 제비 한 마리를 잡아서 일부러 다리를 부러뜨렸습니다. 그 후 제비 다리를 헝겊으로 잘 묶어 주었습니다. 가을이 되어 제비는 놀부네 집 마당에 박씨를 주고 갔습니다. 놀부는 아내와 함께 박씨를 심었습니다. 박씨를 심자마자 박이 세 통이나 열렸습니다.

10. 고장과 수리 Malfunctions & Repairs

듣기 p. 28

듣기 1
1 엔진에 문제가 생겨서
2 ②

듣기 2 1 ①   2 ②

듣기 3
1 ①
2 ③
3

수리 신청서	
제품	텔레비전
무슨 문제가 있습니까?	화면이 안 나온다.
언제부터 그랬습니까?	오늘 아침
고장이 난 이유는 무엇입니까?	텔레비전을 옮기다가 벽에 부딪혀서

읽기 p. 31

읽기 1
1 찾아가는 휴대폰 수리 서비스
2 1) ×   2) ○   3) ×

읽기 2 1

상황	해결 방법
냉동/냉장이 잘 안돼요.	적당한 온도를 유지해 주세요.
냉장고 문이 잘 안 닫혀요.	냉장고 앞쪽을 높여 주세요.
냉장고 옆면이 뜨거워요.	냉장고를 바람이 잘 통하는 곳에 놓아 주세요.
전기 요금이 너무 많이 나와요.	냉장고를 비워 주세요.

2 ②

읽기 3
1 무선 청소기
2 ①
3 ③

11. 실수와 고민 Mistakes & Concerns

듣기 p. 44

듣기 1 1 1) ○   2) ×   3) ×

듣기 2 1 ①   2 ③

듣기 3
1 ③
2 ①
3 국물을 조금 버리고 양념을 더 넣어서 다시 끓인다.

읽기 p. 47

읽기 1 1 1) ×   2) ×   3) ○

읽기 2 1 ②   2 ③

읽기 3
1 부모님이 결혼하라고 잔소리를 한다.
2 ②

12. 습관의 중요성 Importance of Routines

듣기 p. 60

듣기 1
1 새해에 꼭 기르고 싶은 습관
2

1위 매일 운동하는 습관
2위 일찍 자고 일찍 일어나는 습관
3위 독서하는 습관
4위 긍정적으로 생각하는 습관

듣기 2 1 ①   2 ③

듣기 3 1 ②   2 ①   3 ②

읽기 p. 63

읽기 1 1 1) ×   2) ○   3) ×

읽기 2 1 ①   2 ①

읽기 3
1 ③
2

> 휴대폰 보는 습관을 고치기 위한 방법
> 1. 휴대폰을 하루에 한 시간만 사용한다.
> 2. 식사할 때는 휴대폰을 가방에 넣어 두거나 다른 방에 둔다.
> 3. 자기 전에는 휴대폰 전원을 꺼 버린다.

13. 연애와 결혼 Dating & Marriage

듣기 p. 76

듣기 1
1 취업이 어렵고 집값도 비싸서
2 ②

듣기 2 1 ②   2 ③

듣기 3
1 엄마와 아들
2 ③
3 ③

읽기		p. 79
읽기1	1 남자 친구가 갑자기 헤어지자고 해서	
	2 1) × 2) ○ 3) ×	
읽기2	1 좋아하는 사람에게 좋은 모습만 보여주고 싶어서	
	2 ③	
	3 ①	
읽기3	1 여자 친구에게 청혼을 하고 싶어서	
	2 ②	
	3 ①	

14. 고향의 어제와 오늘 Hometown's Past & Future

듣기		p. 92
듣기1	1 ② 2 ①	
듣기2	1 ① 2 ③	
듣기3	1 1) 시골 생활은 불편하고 따분할 것이다. — 남자	
	2) 앞으로 조용하고 평화로운 시골에서 살고 싶다. — 여자	
	3) 젊은 사람들은 시골 생활에 적응하지 못할 것이다.	
	2 ①	

읽기		p. 95
읽기1	1 빠르게 변하는 서울	
	2 강남: 논과 밭이 사라지고 남산만큼 높은 빌딩들이 생겼다.	
	동대문: 운동장이 있었던 곳에 멋진 건물이 생겼다.	
읽기2	1 답답한 아파트 생활에 지쳤기 때문에	
	2 서양식 주택	
	3 ①	
읽기3	1 ② 2 ③	

15. 건강한 몸과 마음 Healthy Body & Mind

듣기		p. 108
듣기1	1 ②	
	2 ① 1위(67%): 몸에 좋은 음식을 먹는다.	
	② 2위(51%): 운동을 한다.	
	③ 3위(47%): 건강식품을 먹는다.	

듣기2	1 ① 2 ③	
듣기3	1 ③ 2 ②	

읽기		p. 112
읽기2	1 50% 이상	
	2 ②	
	3 ①	
읽기3	1 ① 낮잠을 간다.	
	② 독서를 한다.	
	③ 좋아하는 음악을 듣는다.	
	④ 달콤한 음식을 먹는다.	
	2 ①	

16. 일과 직업 Work & Occupations

듣기		p. 124
듣기1	1 ① 2 ①, ③	
듣기2	1 방학 동안 등록금을 마련하고 용돈도 벌려고	
	2 ③	
듣기3	1 면접을 잘 볼 수 있는 방법을 알고 싶어서	
	2 ①	
	3 ③	

읽기		p. 127
읽기1	1) × 2) × 3) ○	
읽기2	1 ③ 2 ②	
읽기3	1 ① 2 ②	

17. 특별한 날 Special Days

듣기		p. 140
듣기1	1 ② 2 ③	
듣기2	1 ③ 2 ①, ③	
듣기3	1 세종대왕이 한글을 만들어서 발표한 것을 기념하기 위한 날	
	2 ②	
	3 ①	

읽기   p. 143

읽기 1   1 로버트, 진아
        2 1) ○   2) ×   3) ×

읽기 2   1 ②
        2 직장인들은 길이 막히지 않도록 늦게 출근하고, 듣기 시험 시간에는 비행기 운항을 멈춘다.
        3 찹쌀떡, 엿, 포크

읽기 3   1 ③   2 ③

18. 연극 Play

듣기   p. 155

듣기   1 1) ×   2) ×   3) ○
        2 뺨에 붙은 밥풀을 아이들에게 먹이려고

읽기   p. 158

읽기   1 뱀 때문에 땅에 떨어져서 다리가 부러졌다.
        2 헝겊으로 부러진 다리를 묶어 주었다.
        3 제비가 박씨를 떨어뜨리고 갔다.
        4 1) ○   2) ○   3) ×

쓰기   p. 159

준비   (3) (4) (2)
       (6) (5) (1)

Glossary 어휘 색인

ㄱ

가꾸다	to cultivate	93
가난하다	to be poor	155
가슴이 두근거리다	heart pounds	78
가장	breadwinner	158
간	between/among	49
간을 맞추다	to season	45
감추다	to hide	40
개발	development	127
개인적	personal	47
개천절	National Foundation Day	136
객실	cabin	28
건강식품	health foods	108
건강을 돌보다	to take care of one's health	56
건강을 되찾다	to regain health	157
검사를 받다	to get an exam	108
겁이 나다	to be scared	40
격려하다	to encourage	142
결국	in the end	156
결말	ending	83
결심하다	to decide	62
결혼 정보 회사	marriage matchmaking company	76
경력	work experience	124
경제적	economic	76
경험이 많다	to have a lot of experience	120
계기	motive	74
고대	ancient times	48
고민이 있다	to have a concern	46
고백하다	to confess	78
고치다	to fix	28
골고루	well-balanced	109
공기가 좋다	air is fresh	88
공모전	contest	97
공해가 심하다	air pollution is severe	88
공휴일	public holiday	136
관객	audience	152
관심이 높다	to have a high interest	108
광복절	National Liberation Day	136
교내	campus	140
교육 기회가 제공되다	training is provided	126
교훈	moral	113
구직	employment	129
국기를 달다	to hang the national flag	136
규칙적	regular	108
그때그때	at the moment	113
그녀	she	81
극복하다	to overcome	48
근무 시간	business hours	120
근무 환경이 좋다	to have a good working environment	126
근육이 생기다	muscles are developing	104
글짓기	writing	141
긍정적으로 생각하다	to think positively	56
기념일	anniversary	136
기념하다	to commemorate	142
기와집	roof-tiled house	158
기운이 나다	to have energy	110
길을 잘못 들다	to take the wrong way	93
깜빡하다	to forget	40
꼼꼼하다	to be meticulous	120
꽃을 달아 드리다	to pin a boutonniere	136
꾸준히	consistently	49
끊임없이	endlessly	158
끼	counter for meals	58

ㄴ

나란히 앉다	to sit side by side	78
나무를 심다	to plant a tree	136
나타나다	to appear	94
낡다	to be old	94
남자 친구	boyfriend	79
낮추다	to lower	30
냉동실	freezer	32
냉장실	refrigerator	32
노선	line (bus or subway station)	97

노을	sunset	89
논	paddy field	95
농촌	farming village	92
높이다	to raise	30
능력이 있다	to be capable	72
늦추다	to postpone	30

ㄷ

다급하다	to be urgent	156
다리를 떨다	to shake one's leg(s)	56
다리를 부러뜨리다	to break a leg	152
다행이다	to be relieved	40
다행히	fortunately	156
단백질	protein	109
닳다	to wear out	35
당연하다	to be natural	49
당황하다	to be flustered	40
대기업	large company	126
대도시	metropolis	108
대본	script	152
대사	line	152
대충	cursorily	63
더위	heat	114
도깨비	goblin	152
도둑질	stealing	154
도서 구입비	book purchase cost	129
도움이 되다	to be helpful	46
도전하다	to challenge oneself	49, 62
돌	rock	96
돌리다	to run	30
동료	co-worker	126
동생을 내쫓다	to kick a younger sibling out	152
두려워하다	to fear	64
든든하다	to be reassured	81
들키다	to get caught	40
따분하다	to be bored	88
땀이 나다	to be sweating	104
땅에 떨어뜨리다	to drop on the ground	24

때리다	to hit	155

ㄹ

로맨스	romance	79

ㅁ

마라톤	marathon	63
마음씨가 착하다	to be kind-hearted	72
마음에 여유가 생기다	to feel at ease	110
마음을 먹다	to make up one's mind	62
마음을 표현하다	to express one's heart	142
마음이 편안해지다	to be relaxed	110
막상	in reality	93
만지다	to touch	61
말다툼	argument	153
말이 잘 통하다	to understand each other very well	72
망치다	to ruin	41
맞이하다	to welcome	140
맡기다	to leave	30
맡다	to smell	96
매니큐어	manicure	58
매력이 있다	to be charming	72
머리를 긁다	to scratch one's head	56
먼지가 끼다	to be covered in dust	24
먼지 통	dust bin	33
메모리얼 데이	Memorial Day	141
면접관	interviewer	61
목록	list	67
목표를 이루다	to achieve a goal	63
목표를 정하다	to set a goal	62
몰라보다	to be unrecognizable	94
몸이 가볍다	body feels light	104
몸이 무겁다	body feels heavy	104
무대	stage	152
무뚝뚝하다	to be unfriendly	74
무선	wireless	33
무역	trade	125

묵념을 하다	to have a moment of silence	141
문제를 해결하다	to solve an issue	46
문화비	cultural payment	123
물에 빠뜨리다	to drop in the water	24

ㅂ

바라다	to wish	142
바람이 통하다	air is ventilated	32
바로바로	immediately	113
박	gourd	152
박속	gourd meat	157
박씨	gourd seed	157
박이 열리다	gourd grows	152
반대하다	to oppose	81
발전하다	to develop	94
밥풀	grain of rice	155
방문하다	to visit	30
밭	field	95
배려하다	to be considerate	144
배우자	spouse	76
배터리를 넣다	to put in batteries	24
배터리를 빼다	to remove batteries	24
버릇을 고치다	to break a habit	56
버릇이 없다	to have no manners	48
벗어나다	to free oneself from	113
변하다	to change	94
보	step	109
보너스를 받다	to receive a bonus	126
보람이 크다	to be worthwhile	49
보물	treasure	152
보물이 쏟아지다	treasure pours out	152
복을 받다	to receive luck	158
복이 나가다	to lose one's luck	60
복장이 자유롭다	to have a free dress code	126
볼거리가 다양하다	things to see are plentiful	88
부담이 되다	to be a burden	106
부품을 교체하다	to replace a part	28
분위기가 깨지다	mood is ruined	80

불가능하다	to be impossible	113
불만이 있다	to have a dissatisfaction	46
불평하다	to complain	46
브레이크를 잡다	to apply the breaks	28
비단	silk	158
비를 맞다	to get wet by the rain	41
비우다	to empty	30
비행기가 뜨다	airplane takes off	144
빈손	empty hand	156
뺨	cheek	155

ㅅ

사라지다	to disappear	94
사랑이 식다	love fades	78
사무 보조	office assistant	123
사생활	one's private life	47
사소하다	to be minor	61
사연	story	44
사정	reason	41
상대방	other person	48
상상이 되다	to be imaginable	94
상상이 안 되다	to be unimaginable	94
상영관	theater	122
상처를 받다	to feel hurt	110
새롭다	to be new	94
생기다	to be formed	94
생생하다	to be vivid	143
서양식	western-style	96
서핑	surfing	93
선보다	to go on a blind date (with a prospective marriage partner)	72
설정 온도	set temperature	32
성격이 잘 맞다	personalities match well	72
성공하다	to succeed	62
성년의 날	Coming of Age Day	140
성실하다	to be hard-working	120
세대 차이	generation gap	48
소감을 말하다	to give an acceptance speech	142

소개팅하다	to go on a blind date	72
소매	sleeve	31
소용이 없다	to be useless	26
속도	speed	26
속마음	one's heart	44
손을 잡다	to hold hands	78
손톱을 깨물다	to bite one's nail(s)	56
솔직하다	to be honest	48
수리비	repair cost	28
수리 센터	repair center	26
수리하다	to repair	24
수메르 점토판	Sumerian clay tablet	48
수상을 축하하다	to congratulate someone on receiving an award	142
수험생	examinee	144
숨기다	to hide	80
숨이 차다	to be out of breath	104
스승의 날	Teacher's Day	136
스트레스가 쌓이다	to be stressed out	110
스트레스가 풀리다	stress is relieved	110
슬근슬근	slowly	154
습관을 기르다	to set a routine	56
승진 기회가 많다	promotion opportunities are plentiful	126
시간 가는 줄 모르다	time flies so fast	88
시계 방향	clockwise	32
시급	hourly wage	120
시기	period	36
시험에 붙다	to pass the test	144
식목일	Arbor Day	136
식습관	eating routine	64
신경을 쓰다	to focus on	112
신입 사원	new employee	126
싣다	to load	76
실력을 기르다	to improve one's ability	62
실수하다	to make a mistake	40
실제	true	80
실천하다	to put something in action	62
실컷	one's heart content	158
실패하다	to fail	62
심각하다	to be severe	40
쌓다	to amass	113

ㅇ

아침잠이 많다	to have a tough time waking up	57
안심하다	to be assured	32
알리다	to notify	30
앞두다	to lie ahead	125
액정이 깨지다	screen is cracked	24
액정이 나가다	screen blacked out	29
앱	app	109
야단맞다	to be scolded	46
야단치다	to scold	46
야식	late-night snack	66
어깨에 기대다	to lean on the shoulder	78
어려움을 느끼다	to feel difficulty	110
어린이날	Children's Day	136
어버이날	Parents' Day	136
어색하다	to be awkward	79
어지럽다	to be dizzy	104
언젠가	someday	49
얼굴이 떠오르다	face comes to one's mind	145
얼굴이 빨개지다	face goes red	78
얼룩	stain	31
업무	work	112, 120
업무 능력이 뛰어나다	to be extremely capable doing work	120
엊그제	few days ago	143
엔진	engine	28
여유가 없다	to not have time to spare	88
여유가 있다	to have time to spare	88
여자 친구	girlfriend	80
연구	research	127
연령	age	120
연봉이 높다	salary is high	126
연애결혼	love marriage	72

열정	passion	127
열차	train	28
엿	Korean taffy	144
영양제	dietary supplements	109
영원히	forever	145
옆면	side	32
예전	past	41
예의가 없다	to be rude	74
오두막집	hut	155
온도 조절이 안 되다	temperature control does not work	24
옮기다	to transfer	29
요청하다	to request	30
욕심이 많다	to be greedy	152
용기를 내다	to muster up the courage	81
우수성	excellence	141
우울하다	to be depressed	110
운이 좋다	to be lucky	113
운항	flight	144
운행하다	to operate	28
원래	originally	96
웬	some	77
위로하다	to console	142
윙	buzzing (sound)	25
유지하다	to maintain	32
은혜를 갚다	to return the favor	158
은혜에 보답하다	to return a favor	145
음료수를 쏟다	to spill one's beverage	24
응답하다	to reply	112
응원하다	to cheer	142
이대로	as it is	80
이동	movement	97
이력서를 내다	to submit a resume	120
이별하다	to break up	78
이직	job transition	128
이해가 빠르다	understanding is fast	120
인간관계	human relationship	112
인상이 좋다	impression is good	72
인상이 차갑다	impression is cold	73
일상	everyday life	144
일자리	job	93
일자리를 구하다	to look for a job	120
입술	lip(s)	61

ㅈ		
작성하다	to fill out	127
잔소리를 하다	to nag	49
잘못하다	to do something wrong	40
잠을 충분히 자다	to get enough sleep	56
장거리 연애	long-distance relationship	81
장난	prank	74
장르	genre	79
재택근무	working from home (WFH)	129
저녁거리	things for supper	155
전망대	observatory	93
전원을 끄다	to turn off	24
전원을 켜다	to turn on	24
전자	electronic	127
전학	transfer schools	92
젊다	to be young	93
접수하다	to receive	30
정답을 찍다	to guess the correct answer	144
정리를 잘하다	to tidy well	56
정성껏	wholeheartedly	156
제공하다	to provide	31
제대로	properly	81
제도	policy	129
제비	swallow	152
제출하다	to submit	124
조건이 맞다	conditions match	72
조심하다	to be careful	40
조언하다	to advise	46
조절	control	32
종이가 걸리다	paper is jammed	24
종종	occasionally	80
좋은 결과를 얻다	to receive a good result	62

좋은 추억으로 남다	to remain as a good memory	142
주제	theme	141
줄넘기	jump rope	106
줄어들다	to decrease	65
중매결혼	arranged marriage	72
중소기업	small and midsize company	126
쥐가 나다	to have a muscle cramp	104
즐길 거리	things to enjoy	93
지급	payment	123
지원서	application	127
지원자	applicant	61
지원하다	to support	129
지지배배	chirp (sound)	154
지치다	to be exhausted	93, 110
직장 상사	manager	126
진지하다	to be serious	93
진짜	real	80
집중이 안 되다	to be distracted	110
집중하다	to concentrate	49
집집마다	every house	141
짜증이 나다	to be irritated	46
짜증을 내다	to act irritated	46
쫓겨나다	to be kicked out	155

ㅊ

차	round	127
차리다	to prepare	138
찹쌀떡	sticky rice cake	144
찾아뵙다	to go visit (honorific expression)	138
채소가 얼다	vegetables are frozen	24
채용	recruitment	127
채우다	to fill	30
첫눈에 반하다	to fall in love at first sight	78
청취자	listener	44
청혼하다	to propose	78
체력이 좋아지다	physical strength gets better	104
최대한	maximum	33
최선을 다하다	to do one's best	120

추위	cold	114
출퇴근 시간이 자유롭다	to have flexible working hours	126
충전	charge	31

ㅋ

카네이션	carnation	138
클릭	click	124

ㅌ

타이어	tire	28
터치	touch	27
텃밭	vegetable garden	92
톱	saw	152
톱질을 하다	to saw	152
통화가 끊기다	phone call is disconnected	24
특강	special lecture	140

ㅍ

팔짱을 끼다	to link arms	78
퍼레이드	parade	141
펑	pop (sound)	154
펑크가 나다	to have a flat tire	28
편의 시설이 잘되어 있다	amenities are very good	88
평소	ordinary day	108
평화롭다	to be peaceful	88
포기하다	to give up	62
표지	cover	49
표현하다	to express	48
플러그를 꽂다	to plug in the power plug	24
플러그를 뽑다	to plug out the power plug	24

ㅎ

하루아침	overnight	158
한글날	Hangeul Day	136
한눈에	at a glance	124
한숨을 쉬다	to sigh	56
해물탕	spicy seafood soup	45
행사를 하다	to hold an event	136

향하다	to head to	155
헝겊으로 묶다	to tie with a cloth	152
현충일	Memorial Day	136
형님	older brother (male perspective)	155
형수	older brother's wife/sister-in-law (male perspective)	155
형태	form	96
홍삼	red ginseng	108
화가 풀리다	anger is relieved	46
화를 풀다	to blow off steam	46
화면이 안 나오다	screen is not displaying	24
확인하다	to check	30
활기차다	to be vigorous	88
회식	company meal	112
후회하다	to regret	40
휴가가 길다	to have long vacations	126
휴가를 쓰다	to use one's vacation	127
흔들리다	to shake	28
힘이 세다	to be strong	104
힘이 없다	to have no strength	104

집필진 Authors

장소원
Chang Sowon
- 서울대학교 국어국문학과 교수
  Seoul National University Professor at the Department of Korean Language & Literature
- 파리 5대학교 언어학 박사
  Ph.D. in Linguistics, University of Paris 5

김정현
Kim Junghyun
- 서울대학교 언어교육원 대우전임강사
  Seoul National University LEI Full-time Instructor
- 국립공주대학교 국어교육과 박사
  Ph.D. in Korean Language Education, Kongju National University

김민희
Kim Minhui
- 서울대학교 언어교육원 대우전임강사
  Seoul National University LEI Full-time Instructor
- 이화여자대학교 한국학 박사(한국어교육)
  Ph.D. in Korean Studies (Teaching Korean as a Foreign Language), Ewha Womans University

박미래
Park Mirae
- 서울대학교 언어교육원 대우전임강사
  Seoul National University LEI Full-time Instructor
- 고려대학교 영어영문학 석사
  M.A. in English Language and Literature, Korea University

번역 Translator

이수잔소명
Lee Susan Somyung
- 통번역가
  Translator & Interpreter
- 서울대학교 한국어교육학 석사
  M.A. in Korean Language Education as a Foreign Language, Seoul National University

번역 감수 Translation Supervisor

손성옥
Sohn Sung-Ock
- UCLA 아시아언어문화학과 교수
  UCLA Professor at the Department of Asian Languages & Cultures

감수 Supervisor

안경화
Ahn Kyunghwa
- 전 서울대학교 언어교육원 대우교수
  Former Seoul National University LEI Professor

자문 Consultants

한재영
Han Jae Young
- 한신대학교 명예교수
  Hanshin University Honorary Professor

최은규
Choi Eunkyu
- 전 서울대학교 언어교육원 대우교수
  Former Seoul National University LEI Professor

도와주신 분들 Contributing Staff

- 디자인 Design · (주)이츠북스 ITSBOOKS
- 삽화 Illustration · (주)예성크리에이티브 YESUNG Creative
- 녹음 Recording · 미디어리더 Media Leader

서울대 한국어+
Student's Book 3B

초판 1쇄 발행 2023년 5월 10일
초판 4쇄 발행 2025년 9월 8일

지은이	서울대학교 언어교육원
펴낸곳	서울대학교출판문화원
주소	08826 서울 관악구 관악로 1
도서주문	02-889-4424, 02-880-7995
홈페이지	www.snupress.com
페이스북	@snupress1947
인스타그램	@snupress
이메일	snubook@snu.ac.kr
출판등록	제15-3호

ISBN 978-89-521-3156-0 04710
     978-89-521-3116-4 (세트)

ⓒ 서울대학교 산학협력단 · 2023

이 책과 음원은 저작권법에 의해서 보호를 받는 저작물이므로
무단 전재와 복제를 금합니다.

Written by Language Education Institute, Seoul National University
Published by Seoul National University Press

Copyright ⓒ Seoul National University R&DB Foundation 2023

All rights reserved. No part of this publication may be reproduced in any form
without the written permission from publisher.